太平洋の航海者

新渡戸稲造の信仰と実践

谷口真紀
Maki Taniguchi

関西学院大学出版会

太平洋の航海者

新渡戸稲造の信仰と実践

谷口真紀

出港
新渡戸像を見直す

　新渡戸稲造は一生のうち少なくとも七回は太平洋を往復航海している。留学・同伴・静養・視察・講演・会議など航海の目的はそのつど違ったが、彼は学術や文化の交流を促す太平洋の架け橋になるという志をいつも胸に抱いていた。著書『帰雁の蘆』(1907年)で振り返っているように、彼は1883年に東京大学入学のための面接で「太平洋の橋に成り度(『全集』6、20)」との抱負を口にした。「日本の思想を外国に伝へ、外国の思想を日本に普及する媒酌(『全集』6、20)」の努力はそこから始まったのだった。

　新渡戸の人生の航海図をたどってみると、人と人、国と国との間をつなごうとした針路が浮かびあがってくる。彼は幕末の1862年に盛岡藩の武家に生まれ、1877年に札幌農学校に入学後その地でキリスト教の信仰を育み始めた。冒頭の面接を経て東京大学に進学したものの満足できず、1884年にアメリカのジョンズ・ホプキンス大学に留学しおもに経済を学ぶ。留学中の最大の収穫はプロテスタントのクエーカー派の日本人初の信徒になったことであろう。続いてドイツのボン大学(Universität Bonn)・ベルリン大学(Humboldt-Universität zu Berlin)・ハレ大学(Martin-Luther-Universität Halle- Wittenberg)にも留学して農政の勉強に力を入れ、学業の総仕上げをした。独国留学を終えた1891年に米国のクエーカーのメリー・パターソン・エルキントン(Mary Patterson Elkinton, 1857-1938)と結婚し、新たな門出を迎える。

　結婚式の後ようやく日本に戻った新渡戸は、家庭生活とともに母校の札幌農学校での教授の仕事をスタートさせ、実務経験を積んでいく。1900

年に英文著作『武士道（*Bushido: The Soul of Japan*）』がアメリカで出版されると、国内外から一気に注目が集まった。「太平洋の橋」になりたいという少年の夢はまた一つ現実のものになったのである。思いがけないことに、その翌年には台湾総督府技師に任命されて、植民政策に携わることになる。やがて、京都帝国大学教授・第一高等学校校長・東京帝国大学教授・日米交換教授・東京女子大学初代学長などを歴任し、教育や学術の機関で大いに存在感を発揮した。1920年には国際連盟事務局次長に日本人として初めて抜擢され、国際連合教育科学文化機関（ユネスコ）のもとになった国際連盟知的協力国際委員会の立ち上げにも貢献している。

　晩年になってもなお、新渡戸はまさしく東奔西走の日々を送る。非政府組織（NGO）である太平洋問題調査会の理事長の任務を果たしながら、大阪毎日・東京日日新聞社の監修として英文コラム「編集余録」を手がけた。ジャーナリストとしても活躍する中、満州で日本軍が中国軍と武力衝突を起こした1931年の満州事変の後で、彼の生涯は最も緊迫した局面にさしかかる。満州事変をめぐって深刻化した日米関係の改善のため、1932年に老体を押してアメリカに渡り、講演活動を行った。そうした努力の道半ばにして、1933年の太平洋問題調査会の国際会議出席後ついに滞在先のカナダのヴィクトリアで客死する。クエーカー信仰に支えられて踏みきった最後の太平洋航海は片道切符になってしまった。

　さて、このような新渡戸の航路のうち本書が焦点を当てるのは、太平洋の架け橋としてのライフワークが最大の試練に見舞われた彼の晩年期の思想と実践である。彼の晩年は1931年9月18日に勃発した満州事変以後の約二年間に重なる。満州事変後に日本が国際社会で孤立するにつれて、日米関係は悪化するばかりであった。彼は相当に悩み抜いたあげくに、アメリカでの反日感情を和らげて日米関係を改善する助けになろうと渡米を決意する。1932年4月からおよそ一年にわたって、日米のいかなる組織も代表することなく、一民間人としてアメリカ各地を講演して回った。満州事変での日本の立場をめぐって弁解を重ねながらも、日米の相互理解の必要を訴えつづけたのだった。けれども現実には、そのように矛盾する言論

活動は日米双方からほとんど受け入れられなかった。それどころか、日本の人々からはアメリカの機嫌をとる調子者と非難され、アメリカの人々からは日本軍の回し者だと非難された。

　晩年の新渡戸のアメリカ講演は満州事変を引き起こした日本側の肩を持ちつつ日米の国際協調の重要性を呼びかけるものだった。このつじつまの合わない発言をどう評価するかについては現在でも賛否両論があり、新渡戸稲造研究の最大の争点の一つになっている。

　これまでの研究では一方には比較文学者の太田雄三（1943-）の著書『〈太平洋の橋〉としての新渡戸稲造』(1)（1986年）に代表されるように、新渡戸が軍国主義に突き進む日本を食い止められなかったことが強調される。もう一方には経済学者の矢内原忠雄（1893-1961）の講演「新渡戸先生を憶ふ」(2)（1933年）に代表されるように、日本の軍事行動を認めざるを得なかった情勢のもとでも新渡戸が国際平和に最大限に尽くしたことが強調される。なるほど、どちらの立場の論点にも一応は納得できる。新渡戸という人物を評価するにあたって、満州事変についての彼の見解の中に潜む問題を厳しく追及しなければならないし、同時にそれだけをもって彼の足跡を全否定してはならない。ただ、いずれの立場にも共通するのは、彼が矛盾を抱えることになった理由を日本が軍事力に物を言わす時代の状況のみに負わせている点である。

　一見すると正反対だが根を同じくする晩年の新渡戸評価を見直そうとしても、残念ながら晩年期の新渡戸にスポットを当てた評伝や研究の数自体が少ない。こうした現状の背後には日本人初の国際連盟事務局次長としての活躍ぶりが光った満州事変以前を彼の実績の絶頂期とし、その活躍に陰が差した満州事変以後を衰退期とする評価基準が見え隠れしないだろうか。実際に、否定派は新渡戸が満州事変を支持したと結論づけて晩年期の新渡戸稲造研究を完結させ、それ以外のことには関心を示さない。他方、肯定派は新渡戸が満州事変の成り行きを黙認した事実を黙認し、晩年期よりも受け入れられやすい他の時期の新渡戸稲造研究に力を注ぐ。（そこには研究者が気持ちよく研究に取り組めるトピックが満載なことも事実だろ

う。）どちらにしても新渡戸像の下地にあるのは、やがて太平洋戦争にまでひた走る「十五年戦争」[(4)]の発端となった満州事変に抗えなかったというレッテルは忌み嫌われるべきだとの判断である。

筆者は新渡戸の見解と活動の全容を捉えないままになされた得てして極端な歴史上の評価に違和感を覚えている。それゆえ、彼の晩年の思想と実践を見定めるのに否定・肯定のどちらの立場にもつかない。なぜなら、マイナス面またはプラス面の片面だけの議論を尽くしたとしても、どうして晩年の彼の言動は矛盾をはらんでいたのかという新渡戸稲造研究の最大の疑問は解明されないと考えるからである。

その疑問を解く鍵は、新渡戸が抱えていた矛盾をどう理解するかという点にあると思う。筆者は晩年の彼のアメリカ講演の負の部分と正の部分の両方を検証し、クエーカー信仰をよりどころにする彼の思想と実践を多面的に再評価することを目指している。ともすれば、批判または擁護のどちらにも徹しない当書は、一貫性を欠くような印象を読者に与えるかもしれない。しかし、晩年の米国講演の是非を問うだけでは、相反する新渡戸の言動を根底からまとめあげていたクエーカー信仰のありようを見落としてしまう。日本の体制を弁護するしかなかった認識のもろさと国際協調に対する卓越した展望のどちらもが、クエーカー信仰に根ざした価値観と分かちがたく結びついている。

したがって、否定・肯定の側面を問わず、晩年の新渡戸のアメリカ講演について本書が覆したいのはこれまでの研究が下した評価の内容ではなく、その評価の方法である。これは表だって「十五年戦争」に抵抗した人は善人で、表だって抵抗できなかった人は悪人だと頭ごなしに決めてかかる歴史認識を乗り越える試みにもなるだろう。これまでの新渡戸像を見直して彼の晩年に新たな光を当てるため、時系列に沿った以下の六章を通して彼の思索と実践を検討していく。

本書は2012年に関西学院大学に提出した博士学位論文「新渡戸稲造の信仰と実践——『太平洋の架け橋』」に大幅に加筆・修正をしたものである。引用するすべての文献には著作名と初出年をかっこに示す。特に、全

二十五巻からなる『新渡戸稲造全集』（教文館、1969-2001 年）からの引用は『全集』と略記し、巻数とページ数をアラビア数字で示す。また、引用する英文著述の日本語訳はすべて筆者が行った。なお、注番号は章ごとにふり、注は各章末に載せている。それでは、六つの寄港地を経由しながら、新渡戸の太平洋航海を追跡していこう。

[注]

(1) 太田雄三『〈太平洋の橋〉としての新渡戸稲造』みすず書房、1986 年を参照のこと。
(2) 矢内原忠雄「新渡戸先生を憶ふ」矢内原忠雄『矢内原忠雄全集第 24 巻』岩波書店、1965 年、675-6 頁を参照のこと。
(3) たとえば、札幌農学校時代からの新渡戸の親友で植物学者の宮部金吾（1860-1951）による新渡戸の評伝「小伝」では、晩年のアメリカ講演についての記述は十八頁中わずか五行である（『全集』別巻 1、9-27）。
(4) これは哲学者の鶴見俊輔（1922-）が 1956 年の雑誌『中央公論』（1 月号）に発表した論説「知識人の戦争責任」で用いたのをきっかけに使用されてきたもので、1931 年の満州事変勃発から 1945 年の太平洋戦争終結までの約十四年にわたる戦争状態を指す。鶴見俊輔「知識人の戦争責任」鶴見俊輔『鶴見俊輔著作集第 5 巻』筑摩書房、1976 年、9 頁を参照のこと。

目　次

出港　新渡戸像を見直す ……………………………………………………… 3

第1寄港地　クエーカー信仰
「クエーカー信仰でだけキリスト教と東洋思想を調和することができた」…… 11
 1　人生の原点　　　　　　11
 2　自己統合　　　　　　　13
 3　「宇宙意識」　　　　　　19
 4　理解と実践　　　　　　24

第2寄港地　祖国愛
「人類と生きとし生けるものすべてに忠誠を尽くす」…………………………… 37
 1　使命感　　　　　　　　37
 2　国家の意味づけ　　　　39
 3　世界へのまなざし　　　45
 4　愛国的キリスト者　　　47
 5　人間愛　　　　　　　　51

第3寄港地　『武士道』
「平民道は予て主張した武士道の延長に過ぎない」……………………………… 61
 1　ブックレビュー　　　　61
 2　執筆の背景　　　　　　64
 3　接木のすすめ　　　　　69
 4　日本人への提言　　　　75
 5　東西文化の架け橋　　　79

第4寄港地　植民政策
「諸君は宜しくヴィジョンを見なければならない」……………………………… 85
 1　植民政策学の先駆者　　85
 2　植民関連の経歴　　　　87
 3　二大方針　　　　　　　92
 4　文明国の責任　　　　　97
 5　心の開拓のビジョン　　106

第5寄港地　満州事変後のアメリカ講演
「国を思ひ世を憂ふればこそ何事も忍ぶ心は神は知るらん」……………113
 1 晩年の活動の再評価 113
 2 渡米の目的 114
  (1) 天皇への忠誠説
  (2) 外務省打診説
  (3) 日本軍部強要説
  (4) 信念のくら替え説
  (5) 対話の道筋の確保説
 3 満州事変にまつわる見解 132
 4 アメリカと中国を見つめる目 140
 5 「太平洋の橋」としての言論活動 144

第6寄港地　「編集余録」と晩年の信仰
「矛盾や不条理を抱えて生きるのに何年もの思索と祈りを要したよ」………157
 1 人生行路の終着点 157
 2 「編集余録」の連載 158
 3 信仰生活 162
  (1) 宗教もの
  (2) 世渡りもの
  (3) 「翁」もの
 4 矛盾と調和 172

帰港　新渡戸像の両側面を吟味して……………………………………181

参考文献………………………………………………………………………184

航海後記………………………………………………………………………195

索引……………………………………………………………………………196

新渡戸稲造
(国会図書館所蔵)

第1寄港地
クエーカー信仰

「クエーカー信仰でだけキリスト教と東洋思想を調和することができた」

1　人生の原点

　田舎道を歩いていた新渡戸は道端の地蔵に目を止め、地蔵に赤いよだれかけを当ててあげた人のやさしさに思いを巡らせる。これは著書『人生読本』（1934年）のひとこまである。神の物差しで計れば、そうした人こそ偉人だという（『全集』10、463-4）。田舎の隅にも偉人を発見するこの逸話一つからでも、新渡戸の心のひだに触れることができる。人間の物差しでは地位や名誉を持つ人が称えられるのかもしれない。けれども、新渡戸にとっての偉人とは人間を超える存在を敬い、謙虚に祈りを捧げる心を持つ人なのだった。

　本書の最初の課題は新渡戸が大切にしていたこの神の物差しについて考え、彼の生きかたの指針を明らかにすることである。彼は札幌農学校の学生時代から本格的にキリスト教を求め、1886年にアメリカのボルチモアで日本人初のクエーカーとなり、自らを超越する神の存在をよりどころとする人生を築いた。

　クエーカーはキリスト友会（the Society of Friends）を正式名称とするプロテスタントの一派で、宗教改革運動が盛んだった1647年のイギリスで設立された。創設者は靴職人だったジョージ・フォックス（George Fox, 1624-91）である。神との霊的な対話の際にわき起こる畏敬の念に体

を震わせていたフォックスらを見た人々は、その一団に「震える人」を意味する「クエーカー」というあだ名をつけた。これがクエーカーの呼称の由来である。このあだ名が示すように、信徒は宗教的儀式や形式よりも神との霊的な結びつきを実感する宗教的体験を重視する。また、その正式名称が示すように、神は人間の友であり神の前で人間は等しく友であるという信念のもと、信徒はたがいを「友会徒（Friends）」と呼ぶ。クエーカーの間でもっとも重んじられるのは、人種・国籍・社会的立場・宗教・性別に関わらず、すべての人に生まれつき授けられている尊厳の「内なる光」を信じることである。

　新渡戸の宗教的所感を記録した唯一の書物『人生雑感』(1915年)の一節は彼のクエーカー信仰のありかたをつぶさに伝える。それによると、「宗教とは人が神の力を受けて、之れを消化し己の性質に同化して、己れのものとして、之れを他に顕はすことを云ふのである（『全集』10、19）」。この定義は「宗教は意志の働きなり（『全集』10、16）」という彼の信念に裏書きされている。宗教の根底には「理性に由つて解き能はぬものを信ずる一種の剛き意志、(『全集』10、16)」がなければならないという。その意志とは神の意に従う人間の自発的な志を指す。もっぱら受け身で神の力に頼るのではなく、神の力を感じ取るためにこそ自らの意力を働かせようとする積極性は彼の宗教観の最大の特徴といえる。それは神意に沿う生きかたを自らの意志で方向づけていく知行一致の追求とも言い換えられる。後述するように、こうした宗教観は具体的な実践を通して信仰を深めようと努めるクエーカー信仰の特質とも合致する。

　新渡戸のクエーカー信仰に関する代表的な研究には次の四点がある：①矢内原忠雄による講演「新渡戸先生の宗教」(1941年)、②思想史家の武田清子(1917-)による論説「キリスト教受容の方法とその課題——新渡戸稲造の思想をめぐって」(1961年)、③政治学者の高木八尺(1889-1984)による論説「新渡戸稲造の宗教思想を探求し、日本人によるキリスト教の受け入れの問題を考察する」(1966年)、④新渡戸稲造研究家の佐藤全弘(1931-)による著書『開いた心をもとめて——新渡戸稲造とキリスト教世

界』(2006年)。これらの研究では彼の信仰が人格形成に及ぼした影響についてあまり掘り下げられてこなかった。上述のとおり、彼の信仰の独自性は神の意志にかなう自らの「意志の働き」に認められる。彼が神の力と自らの力を融合させていったプロセスは近代の日本人キリスト者としての自己統合の過程とも密接に結びついており、もっと注目されるべきだと思う。クエーカー派のキリスト教との出会いが彼の人格をまとめあげていく軌跡をたどることは、彼の信仰実践を理解するうえで重要な糸口になるに違いない。

2 自己統合

　新渡戸がクエーカー信仰を確立するまでには、キリスト教の宗派、日本人キリスト者としての存在意義の二点をめぐる悩みをくぐりぬけねばならなかった。まずは、彼がそうした迷いを経てクエーカーに惹かれた経緯を追っていきたい。

　第一に、新渡戸は自らの生きかたの基軸を求めながらキリスト教の宗派を遍歴した。盛岡にある新渡戸家の菩提寺は曹洞宗の久昌寺であり、そもそも一家はキリスト教とは無縁である。新渡戸が最初にキリスト教に触れたきっかけは、1876年に英文聖書[6]を購入したことだった。その購入資金は同年に明治天皇（1852-1912）が東北を訪問した際に天皇が新渡戸家へ贈った報奨金の一部であった。盛岡藩領内の三本木原野（現青森県十和田市）を開拓して農業用水を引く疎水工事を行った新渡戸の祖父の伝（1793-1871）と父の十次郎（1820-1867）の功績が称えられた。実家は当時東京で勉学していた新渡戸のもとにもいくらか送金し、彼はそれを英文聖書の購入に当てたのだった。

　ところで、英語を介した新渡戸と聖書との出会いは、新渡戸家の家風や天皇に代表される日本の伝統に結びついている。まるで後の彼の信仰のありかたを暗示するかのようで興味をそそられる。英語という外国語を通してキリスト教の思想を吸収する中で、日本の文化や精神にキリスト教の文

化や精神を接合しながら、新渡戸は自分自身の軸を確立していくのである。

　当初、新渡戸は西洋文化の真髄としてのキリスト教への知的関心に駆られて聖書を買い求めたと思われる。彼が精神的欲求から聖書を手に取り本格的にキリスト教を学び始めたのは、1877 年に第二期生として進学した札幌農学校時代である。ちなみに、北海道開拓に本格的に着手していた政府が人材養成のためにその前年に創設したばかりの農学校は、卒業すれば学士の学位が得られるれっきとした大学であった。

　札幌農学校入学後間もなく、新渡戸は「イエスを信ずる者の契約（Covenant of Believers in Jesus）」に署名している[7]。これは校長だったウィリアム・スミス・クラーク（William Smith Clark, 1826-86）が作成した英文の誓約である[8]。もともと校長の任期は一年だったので、クラークは第一期生のみを指導して、新渡戸が入学する前にはすでに母国アメリカに帰国していた。それでも、新渡戸がクラークから間接的に信仰の感化を受けたのは確かである。事実、この契約に署名した翌年の 1878 年、新渡戸は札幌在住のメソヂスト派の宣教師メリマン・コルバート・ハリス（Merriman Colbert Harris, 1846-1921）からキリスト教の洗礼を受けている。札幌農学校時代は新渡戸がキリスト教を通して人間や人生をめぐる新たな考えかたに触れた貴重なときであった。まさしく、彼にとって世界の辺境の日本のそのまた辺境に位置した札幌は、精神をあまねく世界へと切り開いた「精神的誕生地」[9]だったといえよう。

　ところが、新渡戸はすでに札幌農学校在学中からキリスト教そのものに疑問を抱くようになっていった。卒業後も確固たる信仰を求めてもんもんとした日々を送る。晩年に精神的故郷の札幌で行った講演「信仰経験を語る」（1931 年）ではそうした苦悩が明かされた。「然し私は其間に聖書を読むにつけて何だかメソヂスト教会のやり方が聖書に書いてある基督教と違う様に考へた」[10]と告白する。「メソヂストで教へて居る事で分からぬ事があり、教会の組織、讃美歌、洗礼等何れとして分らなかった」[11]という。後にクエーカー派の信仰を確立するまで、彼は徹底的に自分と向き合い、信仰のありかたを悩み抜いたのだった。

アメリカ留学を果たしてからも、新渡戸はさまざまな教派の教会を訪ねまわった。1886年に雑誌『フレンズ・レビュー（*The Friends' Review*）』に寄せた英文「アメリカの宗教の印象（"Religious Impressions of America"）」には、米国の教会が次のように言い表されている。

> 私は以下のことを告白しなければならない。米国のキリスト教の儀式や礼拝に長い間抱いてきた唯一の印象は、いかさまとまではいかなくても、ここでは宗教が芸術になっていることである。親しみのある宗教は見当たらなかった。そこにあったのは洗練された見本のような教会の建築・説教・美辞麗句・賛美・祈祷・聖歌・教会音楽、そして単なる出席・世間体・人の目を意識して集まった男女であった。(12)

新渡戸は米国のキリスト教教会のありかたをかなりきびしい口調で非難している。儀式や形式に傾くキリスト教国アメリカの実態を目の当たりにしていかに幻滅していたかがよくわかる。それは彼の信仰の原点とはほど遠いものであった。

新渡戸の信仰生活のベースが語られているのは1887年のボルチモア年会会誌『インターチェンジ（*Interchange*）』中の英文手記「なぜ私は友会の会員となったのか（"Why I Became a Friend"）」での次の回想である。

> 札幌農学校時代に我々は毎週日曜日に二回集まって聖書を読み、祈りのときを重ねていた。仲間のうちには決まった牧師がいなかったので、そこに集う各自が思うままに説き、思うままに祈りを捧げた。自分たちが署名した「イエスを信ずる者の契約」以外に信条箇条は存在せず、我々はただ福音的キリスト教の基本の教えに沿っていた。明文化された権威が存在しなかったために、仲間内で熱い議論が起こることもあった。そうしたときにはおうおうにしてバーンズの『新約聖書注釈』を持ち出し、我々は議論に決着をつけたものだ。それでも決着がつかないときは、ランゲの『聖書評釈』を引っ張ってきて結論を下し

た。当時、校内ではキリスト教に賛同しない役人の批判に耐えなければならず、キリスト教を信じないクラスメイトの挑戦をも受けて立たねばならなかった。バトラー・クリストリープ・リドンらの言説を原則に、古典であるペイリーの言説を大原則にクラスメイトへの説得を試みたのだった。寮の部屋での礼拝や聖書の勉強会が持ち回りで続けられた。良い意味で戦闘的とも呼べる二十人にも満たないこの小さな教会は、試行錯誤を繰り返しつつも、途絶えることなく維持されたのである。教会音楽・讃美歌・聖職者・洗礼式・聖餐式はなかった。やがて、この教会は男女合わせて六十人以上を抱えるまでに成長する。しかし、組織自体はできる限り質素でつつましく、あの頃のままである（『全集』23、243）。

新渡戸は後で紹介する宮部金吾（1860-1951）や内村鑑三（1861-1930）らと札幌農学校で「小さな教会」を守っていた。この記述からは人生の指針を一心に探求しながら支えあうひたむきな集いの様子が迫ってくる。彼らの姿はジョージ・フォックスやウィリアム・ペン（William Penn, 1644-1718）ら初期クエーカーの礼拝をも彷彿とさせる。

神と自己の霊的対話という信仰の核心を窮めるために、クエーカーは教義や信仰箇条をまとめた文書をはじめ制度や儀式といった形式をことごとく排除する。その代わりに各自の信仰を手引きするのは、一人一人の霊的経験が蓄積された証言（testimonies）である。一般に、信徒は会堂（meeting house）に集い、聖職者も式次第も設けず、それぞれが沈黙の中で神の声を待ち望む「沈黙の礼拝」を行う。神の声を聴こうとするとき、人間の言葉が妨げになることがある。クエーカーが何より大事にするのは、沈黙の中で神の声に耳を傾ける霊的な経験である。現に、「私は『汝の心に語りかけるのはまさにイエス・キリスト一人である。』との声を耳にした」と、ジョージ・フォックスの1647年の日記には神秘的経験が書き残されている。クエーカーは自らの内に生きるイエス・キリストを信じ、たえず働く神の恵みを自らの経験を通して感じ取ろうとする。

上記の「小さな教会」についての新渡戸の回想は後にクエーカーに入会することで実を結ぶ彼の信仰生活の原点を示している。神との霊的な結びつきを尊ぶあの純粋な祈りの集いを原体験として、権威ある聖職者・明文化された信仰箇条・形式的な儀式を排除するクエーカー信仰に導かれた。彼が信仰でもっとも肝心と見なしていたものがクエーカー信仰の真髄と一致したのである。こうして、アメリカ留学中の1886年に彼は日本人初のクエーカーの会員になったのだった。

　第二に、新渡戸が日本人キリスト者としての自己を固めていくのは並大抵の苦労ではなかった。日本人として受け継ぐ東洋的価値観とキリスト教的価値観をいかに融合し、同時にメソジスト派を含むさまざまなキリスト教の教派をいかに理解するのかは彼にとってたいへん重大な課題であった。クエーカー派のキリスト教と出会い、彼はようやくその課題を自分なりに解決し、日本人キリスト者として生きる方向や方法を定めることができた。

　新渡戸がそのような発見にたどり着いたことを弾むように伝えているのが、札幌農学校以来の親友で後の植物学者の宮部金吾に宛てた次のような英文書簡（"Letters to Kingo Miyabe 1884-1889"）（1888年2月2日付）である。

　　ところで、約一年前に僕がクエーカーになったことはもう話しただろうか？　クエーカー派の信仰を通してなら、愛国心に対する考えかたや教派に対する考えかたをいかに調和するかという問題に答えを出せると思ったのだ（『全集』23、442）。

　また、新渡戸が国際連盟事務局次長の任務を終えた頃にジュネーヴで行った英語講演「一日本人から見たクエーカー信仰（"A Japanese View of Quakerism"）」（1926年）にも、その命題に対する解答が表明されている。彼は「クエーカー信仰でだけキリスト教と東洋思想を調和することができたのです（『全集』15、335）」と強調した。

宮部金吾宛ての書簡にもジュネーヴの講演にも登場する「調和する」という表現に着目したい。原文ではいずれにも reconcile の単語が使われている。この語は新渡戸がクエーカーの思想によって東洋的思想とキリスト教的思想を円満に接合したことを裏づける。国籍や宗教を問わず、すべての人の内に宿る神の働きを尊重するクエーカー信仰は、彼の日本的な価値観を断絶することなく押し広げたのだった。

　なお、新渡戸はクエーカーの教えによって日本人であることへの卑屈な感情からも解放されたと思われる。西洋への憧れとコンプレックスの両方を抱えていた彼の中には、日本人キリスト者であることに対する誇りと引け目が入り混じっていたに違いない。人種や国籍を突き抜けて自らの人格の価値に目を向けることで、日本人としてのバックグラウンドに対する劣等感とも折り合いをつけ、自己の存在を肯定できるようになったはずである。

　さらに、唯一の神を信じるのになぜ教派の主義主張がさまざまに分かれているのかという新渡戸の疑問も、神との結びつきに主眼を置くクエーカー派との出会いによって解消された。友会主催の講演「人生の真味」(1916年)によると、彼は宗派の独自性は「神を一番良く、"見得る所"」[24]だと悟っている。彼にとってはクエーカーこそが神の存在をもっとも身近に感じ得る宗派であった。

　さて、新渡戸は本来メソジスト派の宣教師から洗礼を受けていたため、クエーカー派の会員になったということは、厳密には「改宗」したということになる。しかし、この「改宗」を単にある宗派から別の宗派に転じたものと片付けてはならない。むしろ、彼がクエーカーになったことは、札幌での原体験に根ざした信仰の熟成と見なされるべきである。自己と神との関係をより深い次元で窮めようとして、彼はようやくクエーカー信仰に到達したのだった。

　英文学者の小泉一郎(1912-91)の論説「新渡戸博士とクェーカー主義」(1969年)はそうした新渡戸の「改宗」の核心を言い当てている。小泉は新渡戸の「改宗」を「長い宗教的懐疑ののちにようやく一つの信仰に辿り

ついた精神的彷徨の過程(25)」と捉える。その到達地点はクエーカーが大切にする言葉の一つである「確信コンヴィンスメント(26)」と表現されるべきだという。実に、新渡戸の信仰の確立はメソジストからクエーカーに乗り換えた結末だけでなく、メソジストからクエーカーに至るまでの全行程を指す。

　新渡戸は迷いや悩みをくぐり、遠まわりを経たからこそ、クエーカー信仰には自らが受け継ぐ精神的伝統の土壌を活かしながら新たな領域を開拓する道があると確信できた。要は、クエーカー派の信仰が彼に日本人キリスト者としての自己統合の可能性を示したのだった。

3　「宇宙意識」

　新渡戸の自己統合のありようを解き明かすには、彼の人格をまとめあわせていたクエーカー信仰の核心部分を突き止めなければならない。その手がかりは前掲の「一日本人から見たクエーカー信仰」のうち「宇宙意識」について述べられた箇所にある。「クエーカーの教えの中核はクエーカーが内なる光と呼ぶ『宇宙意識』の信仰であり、クエーカーの教えや信念はいずれもこの『宇宙意識』から必然的に導き出された結果にすぎません(『全集』15、340)」と講じられている。「宇宙意識」とは「偉大な宇宙の中に自らを融合させ、宇宙にあまねく行き渡る生命の鼓動を感じ取る一段と高い境地(『全集』15、337)」である。それは「大宇宙の中にある一つ一つの小宇宙と結びつき、宇宙にあって漂う大霊との一体感を得られる意識段階(『全集』15、337)」を指す。すなわち、彼は「宇宙意識」の信仰のエッセンスを「自らは霊であり、自らの霊が宇宙の偉大なる霊と一体化しているといささかの疑いもなしに確信する経験(『全集』15、338)」と捉えている。

　新渡戸の体感でしかないこの「宇宙意識」は誰の目にも見えず、明確な実体を伴わないだけに理解しづらいが、これこそが彼の信仰の中核を把握するうえで重要な感性である。彼は「宇宙意識」を信じ、働かせて、宇宙に存在するあらゆるものを自らの内に感知した。大いなる宇宙生命と同じ

生命が自分にも宿っており、自分も他者もすべてはこの偉大な宇宙の精神のもとに活かされると覚知した。人間の存在にまさる宇宙の大精神とはつまりは神の霊である。このように、新渡戸にとっての「宇宙意識」は自己と神を結びつける宗教的な感覚であった。同時に、それによって自己と他者、ひいては人類とのつながりも感じ取っていた。

　いうまでもなく、「宇宙意識」の概念の生みの親は新渡戸ではない。万物の中に神が宿ると信じ、自己の内に神の存在を認めるという点で、この「宇宙意識」の観念は十九世紀のアメリカに広まった超越主義に通じるものがある。また、精神を集中させて宇宙の真理を見極めるという点で、それは禅の境地にも連なっている。ただし、「宇宙意識」が東洋思想と西洋思想をつなぐ手だてになるという捉えかたは、新渡戸ならではのものと考えてよいだろう。クエーカーの間では彼がいう「宇宙意識」は通常「内なる光」と呼ばれている。にもかかわらず、彼はあえて「宇宙意識」という語を好んで用いた。その背後には「宇宙意識」によって日本人であることとキリスト者であることを結びつけた一人の日本人クエーカーの独特の世界観が広がっている。

　こうしたことを踏まえたならば、クエーカー信仰によってのみ西洋思想と東洋思想を融和できるという先ほどの新渡戸の発言の根拠はより明確になってくる。そのようなキリスト教の東洋的な解釈は自分の外に唯一ある神を仰ぎ見るキリスト教思想と自分の内で自我をなくそうと努める東洋思想の接合の着地点である。こうして、神に仕えるためにこそ自分への執着を手放していくという充実した世界が開かれた。もちろん、東洋思想もキリスト教思想もそれぞれ多様なわけで、東洋は無の思想、西洋は有の思想とひとくくりにすることはできない。ただ、新渡戸の「宇宙意識」の信仰に無の思想と有の思想の両方の要素が含まれているのは確かだろう。東洋と西洋の区別のない「宇宙意識」によって、東洋思想とキリスト教思想が融合する新境地に行き着いていたからである。

　ところで、クエーカーが頼りにする神の霊との交わりはきわめて神秘主義的であるために、昔も今もその信憑性を疑問視する声が少なくない。早

くからそうした声をあげた一人は、新渡戸と札幌農学校の同期生で後のキリスト教思想家の内村鑑三である。すでにクエーカー派に惹かれつつあった頃の新渡戸に宛てた英文書簡（1885年5月17日付）で、内村は次のように質問を浴びせかけている。（先の宮部金吾への手紙と同様に、新渡戸は内村との間でも英語で手紙をやり取りしていた。）

 僕は君に問いただきねばならない。いかにして霊的な感化の真偽を見極めるつもりなのか？　いかにして神の聖霊に触れたと実感しうるのか？　いかにしてそれが交感神経の高ぶりによる熱射病でないと見定められるのか？　世間には聖霊降臨を信徒らの酩酊と結論づける人もいる。そんな中でクエーカーでいう「霊が移る」という感覚がただ単に「発作的な感覚」にすぎないことが証明されたならば、クエーカーはもっとも重要な教義を失ってしまうのだ。(28)

　新渡戸に向かって畳み掛けるような内村鑑三の宗教的尋問は、クエーカーの神秘主義的な側面について内村が抱いていた疑いをよく伝える。この点こそが新渡戸と内村の信仰のありかたの違いを決定付けたのだった。神妙な「宇宙意識」を頼みにするがゆえに、新渡戸はクエーカー信仰に到達した。それに対し、捕らえどころのない「宇宙意識」をあやしむがゆえに、内村はイエス・キリストの十字架の死と復活の明確な聖書の教えを信仰の中心に据えたのだった。そうして、内村は既成の教派には所属せず、無教会という独自の立場を確立した。

　とはいえ、当の新渡戸が内村鑑三との信仰のありようの隔たりをほとんど気にせず、おおらかに構えていたことを強調しておきたい。先ほどの質問状に対する新渡戸からの回答は残されておらず、そもそも新渡戸が返信しなかったのか、返信したが内村がそれを保管しなかったのかは定かではない。ただ、どちらにしても新渡戸は内村が納得できるような弁明をしなかったようだ。それは上記の書簡の送付からわずか二カ月後に内村が教育者の新島襄（1843-90）に宛てた英文書簡（1885年7月15日付）からう

かがい知れる。(この二人も英語で手紙をやり取りしていた。)内村は師と仰ぐ新島に向かって、「新渡戸があからさまに宗教的な話題に無頓着なことが理解できないのです」(30)ともらしている。さらに、「今もって新渡戸のキリスト教がわかりません。新島先生、本当のことをいうと、僕は新渡戸に失望感すら抱いたのです」(31)とも打ち明けている。

だが、新渡戸は宗教に無関心だったわけではない。内村鑑三の気が済むまで「宗教的な話題」で議論を戦わせなかったのは実のところ新渡戸の宗教的な寛容のたまものといえる。「宇宙意識」を信じる新渡戸は自分の信仰だけが唯一の道と考えず、他者の信仰を尊ぶ懐の深さを持っていた。だからこそ、仏教の地蔵菩薩を大切にする人の信仰心にも感じ入るのである。上記の書簡を見る限り、この頃の内村はそうしたことに気がついていないようだが、新渡戸はおのおのの精神が求める信仰を尊重していた。

そのように謙虚な新渡戸の姿勢を示すのは英文著作『随想録（*Thoughts and Essays*）』（1909 年）中の所感「私の宗教（"My Religion"）」の次の記述である。

> 私の宗教のことは私に任せておいてくれ。邪魔をしないでくれ。私のことは私の宗教に任せておいてくれ。宗教を奪わないでくれ。私の魂と宗教は一つなのである。あなた自身のために、あなた自身のものとして、あなたの宗教を大切にせよ。あなたの宗教が日の出に向かっているとか、私の宗教が日の入りに向かっているとか、私の宗教が上を向いているとか、あなたの宗教が下を向いているとか、そうしたことに何の問題があろうか？　向こうには私たちの共通の目的地である山の頂きが見える。それぞれ別の道を歩んでいこう。その頂きで再び出会うときには、たがいの友情を確認しながら共に手を握ろうではないか（『全集』12、168）。

もちろん、この中の「あなた」は内村鑑三を想定したものではない。しかし、これは自分に宗教的な論争をけしかけてくる内村を含めた人々にあ

えて応戦することを避ける新渡戸の冷静な切り返しでもあるだろう。新渡戸は「私の魂と宗教は一つ」と言ってのける。「宇宙意識」のもと彼は信仰のありかたの違いを個々の魂のありかたの違いと認めることができる。その意味でも彼がよりどころとするクエーカー信仰は他の宗教を斥ける一神教ではなく、有の思想と無の思想が融合した、他の宗教と共存する一神教だといえる。

　こうして、新渡戸にとってクエーカーの霊的な働きかけの真偽のほどは自分と神との間の信頼関係の有無に落ち着いた。彼はすべての人の内には宇宙の大いなる存在が放つ光を感知する力が備えられていると信じる。この「内なる光」が与えられているかどうか、また「内なる光」に応えているかどうかは、結局のところ彼自身がその光に信頼を寄せているかどうかに行きついた。物理学的にいっても、光自体に熱はなく、反応する物質が熱を生じさせるのである。あらゆる人に与えられている「内なる光」は、神の信頼に応えようとする意志を持つ者の中で初めて感じ取られ、活力をたたえる。新渡戸に必要だったのは聖霊としての神を見極めること自体ではなく、あくまでも聖霊としての神に心を預けること、聖霊としての神に親しむことであった。

4　理解と実践

　新渡戸は「宇宙意識」の信仰によって人々の内面の価値に目を向け、人々の苦悩を共に背負う覚悟を持ち、人々への奉仕に努めた。以下、①人格尊重・②他者の悲哀への共感・③知行一致の三点に集約される彼のクエーカー信仰の実践を跡づけてみたい。

　第一に、新渡戸は「宇宙意識」を通して宇宙の大いなる存在である神と人間を結びつけた。まずもって確認しておきたいのは、彼はキリスト教と東洋の宗教の信仰の対象の違いをはっきり打ち出したうえで二つを融和させていたことである。既出の「一日本人から見たクエーカー信仰」ではキリスト教と東洋の諸宗教が次のように比較されている。

> 我々日本人は老子の文献を読み、仏教の聖者たちの書物を味わい、東洋の神秘主義を学びます。そうして、キリスト教のつぐない・贖罪・救済の概念にかなりのことろまで近づきます。おそらく、キリスト者と同様の自信・喜び・活力・人類愛を感じ取っているでしょう。しかし、いまだに究極的境地には至っていないと思われます。「もっと光を」とゲーテが最期に放った叫びのように、そのような極みに到達するための光を求めています。たしかに東洋の神秘主義にも光明は存在するのですが、そこには究極の次元に達するための決定的な唯一のもの、すなわち完全なる生きた人格を見いだせないのです。東洋の聖者がキリスト教の聖者よりも豊富に光を得るのは不可能ではありません。けれども、一千一個の対象物を擁する東洋の諸宗教の光の中で、王者の中の王を見極める力を欠いた、輝きはしてもつかみどころのないものに向かうにとどまっています。大小さまざまのあらゆる形の岩や小石を見つけることはできたのですが、要石(32)のイエス・キリストという人格を探しあてるには至らなかったのです（『全集』15、341-2）。

第1寄港地　クエーカー信仰　25

　新渡戸が説明するように、キリスト教が絶対的な人格をよりどころにする一方で、一般に東洋の諸宗教は絶対的な人格を信仰の対象にしない。彼は儒教や仏教などから受け継いだ精神的遺産の重みを感じてはいるものの、信仰の要となる絶対の存在を欠いているという点で、東洋の宗教に物足りなさを感じている。
　そのうえで、新渡戸はイエス・キリストの完全なる人格を柱にして、自らの人格を磨きあげようとしていた。自らの人格の土台にイエスを据えたというのは、神の愛を実践したイエスの人格を自らの内に刻みこんだということである。言い換えるなら、「宇宙意識」によってその絶対的な人格と結びついたということである。新渡戸は「一日本人から見たクエーカー信仰」でイエスとのつながりを次のように説明している。

> 再び問います。イエス・キリストの人と生に神性が示されていると考える、いわゆる啓示宗教としてのキリスト教に優越性はないのでしょうか。他の宗教より優れているとまではいえないにしても、私はキリスト教が確かな強みを持っていると信じています。その強みとは弱くて目立たない我ら人間に生きるよすがとなる明確で具体的な信仰の対象を与え、そして「完全なる人」の発見の手助けをしてくれる点です。この完全なる人格者のイエスを知ることにより、贖罪を意味するat-one-ment[33]の文字通り、イエスと心を一つにすることができ、あがなわれるのです。イエスに従うことは人生の卑しさからゆるされること[34]です。イエスを思うことは神自身を見て救われることです（『全集』15、341）。

　新渡戸は身をもって神の存在を示すイエス・キリストの人格が自分に宿されていると信じる。内なるイエスに従って生きることにより、神と心を一つにして、神のあがないに導かれることを願っていた。
　自分と同じように他の人の内にも生まれながらに神聖なる人格が備えられているというクエーカーの教えによって、新渡戸は自他の人格の尊さに

目覚めたのだった。その覚知をより明らかにするのは前掲の『随想録』中の英文所感「神を探究する魂（"The Soul's Quest of God"）」である。そこには「我々は神を信じながら自分自身を信じる。我々は自分自身を信じながら神を信じる。我々の内なる真の自己、すなわち我々の自己の核心は本来神聖なるものだ（『全集』12、181-2）」と記されている。神の光に包まれた人間の内面の価値を知ることで、新渡戸は自分と他者の個性を受け入れ、認めることができた。神を「友」とする信仰に基づいて、自分自身を「友」とし、他者を「友」とする人間理解に達していたといえよう。

　人は絶対の神と相対する関係をもち合って存在しているという新渡戸の人間の意味づけについて参照すべきは武田清子の著書『人間観の相剋』（1959 年）の一文である。武田は「『人間観』は『神観』と相表裏するもの」との見かたを示し、「『人間』は『問い』であって、『神』は『答え』であり、『神』とは『人間』存在の基盤、或いは究極的意義をあらわすもの」と指摘する。まさに、神は人の存在を介してあり、人は神の存在を介してあると信じる新渡戸の人間観と神観は根底で密接に連結している。

　第二に、新渡戸は「宇宙意識」を通して宇宙に満ちている人々の悲哀と恩愛を結びつけた。前掲の『人生雑感』中の一節は彼のクエーカー的な悲哀の受け止め方を表す。彼は「基督は悲しみの人であり、基督教は悲哀の宗教である（『全集』10、65）」と確信する。その根拠を次のように説いている。

> 悲哀の意味や使命を知り且つ行ふには、基督教の根本原理なる犠牲の観念に遡らねばならぬ。悲哀が人世宇宙に満ちて居ると云ふ事は、轉て人生宇宙が犠牲に充ちて居ると云ふ意味である。啻に基督が人類の為めに犠牲になつたばかりではなく、より小さい者がより大きい者の犠牲になつた事に依て、宇宙の進化は現在の程度にまで達するを得たのである（『全集』10、65）。

　この引用に続いて、新渡戸は「希くは吾等は自己の悲哀の経験を聖なる

祭物として神に献げ、其の聖旨を承り、以て天を怨みず人を尤めぬ生活を営む事を期したい（『全集』10、65-6）」と強調する。

　新渡戸は悲哀の究極的な意味や使命をイエス・キリストが人類の悲しみを一心に背負ってはりつけになった犠牲に見いだす。ただ、「人世宇宙に満ちて居る」悲しみを感じ取る新渡戸は、他者の悲しみに共感を寄せることにとどまらない。その得がたい人格力は自らの悲哀の経験の中に神の意図を読み取り、その経験を他者のために活かし、自らの悲しみを他者に対する慈しみへと引き上げようとする。

　1915年の講演「信仰の慰安」ではそうした神の「聖旨」が「神の文字」[40]と言い表されている。新渡戸は「如何なる禍福をも神より我に賜はる委任状で而かも之が悲しめる者の涙を拭き倒れた者を引起さねばならぬ辞令である」[41]と受け止め、「物の裏面に書いてある神の文字を読んで大処高処に行き自ら安心立命し人の為にも骨を折る」[42]。地上での悲しみの経験を天上の神から与えられた聖なる辞令と迎え入れ、身にしみる苦しみは他者への思いやりの鍛錬になると捉えたのだった。

　自らの悲哀を神からの恩恵と引き受ける新渡戸の使命は既出の『随想録』中の英文所感「悲哀の功徳（"Sorrow's Dispensation"）」の次の記述からも読み取れる。

　　我ら人間は哀しみの絹のひもによって思いやりの絆で自然界につなぎとめられている。社会の中でたがいに許し合ってより満たされた寛大な生活を送れるように、そのひもは我らを鍛錬し、神の国というさらに高度に研ぎ澄まされたところに導くのである（『全集』12、329）。

　新渡戸は「宇宙意識」を媒介にすべての人の悲しみをつなぎとめようとする。喜びのひもではなく悲しみのひもが人々を結びつけると見るところに、彼の人生に対するまなざしの奥行きがうかがえる。人々との触れ合いの中で歓喜ではなく悲哀の場面に寄り添う彼の目は、温かみをたたえていたことだろう。

実に、新渡戸は悲哀と恩愛をつなぎ合わせることで人生の深みを発見していた。著書『自警』(43)(1916年)では「偶には誰が告げるとはなしに、フト心に有難味を覚えて、殆ど対手知らずに帽を脱し、跪づいて、有難さに、涙に咽ぶこともある(『全集』7、587)」と告白する。続けて、「斯くの如き恩愛は人の眼を忍んで、世に許多あると信ずる。否許多どころではない。斯くの如き情愛は空中に満ちてゐると思ふ(『全集』7、593)」とも述べる。知らぬ誰かが果たした無償の行為の恵みをこれほど敏感に感知できるのは、同じくらい敏感に誰かの痛みも感知できるからだと思われる。

　宇宙的規模から人の悲痛を抱きとめる新渡戸には、同じく宇宙的規模から人の恩恵に感謝する心が生まれていた。「内村鑑三と新渡戸稲造とは私の二人の恩師で、内村先生よりは神を、新渡戸先生よりは人を学びました」(44)という矢内原忠雄の有名な言葉は、新渡戸が醸しだす人への尽きせぬ慈しみと親しみを言い当てたものである。

　新渡戸と内村鑑三の両者の教え子である矢内原忠雄は、前掲の「新渡戸先生の宗教」で新渡戸の「悲哀の宗教」のありかたを物語るエピソードをさらに紹介する。かつて、矢内原は新渡戸に「新渡戸先生の宗教と内村先生の宗教とは何か違ひがありますか」(45)と尋ねた。すると、新渡戸は「僕のは正門でない。横の門から入つたんだ。して、横の門といふのは悲しみといふ事である」(46)と告げたという。筆者はこの「横の門」を「正門」をないがしろにした邪道だとは思わない。十字架のイエス・キリストからイエスの悲しみの意味を考える新渡戸は、イエスは人類を罪から救うために十字架にかかったと説くキリスト教の中心的な教えをけっして軽んじていない。ただ、その贖罪の教義の「正門」からではなく、新渡戸はあえて悲しみの「横の門」からキリスト教信仰を深め、自分のものとしていた。

　では、キリスト教に横から回りこんだとはいったいどういう意味だろうか。人間の罪や受難に真正面からぶつかって救いを求めるのとは別の方法が新渡戸にとっての「横の門」である。言ってみれば、罪や受難の経験を自己の糧に高めていくための突破口である。イエスの悲しみを通して自分の悲しみの中に他者の悲しみを感じ取り、他者の悲しみの中に自分の悲し

みを感じ取り、おたがいが癒され救われることを祈った。これが正統の贖罪の教義に対するクエーカー新渡戸の横からのアプローチである。

　悲しみを神だけでなく人類と担い合い、人と連帯していくことで罪のあがないに導かれると信じる新渡戸の「横の門」は、キリスト教の「正門」と見なされている贖罪信仰への彼なりの謙虚な姿勢に他ならない。これこそが彼の信仰経験の持ち味である。彼の悲しみの門は人間の「内なる光」の影ともいえる内なる悲しみに開かれている。

　第三に、新渡戸は「宇宙意識」を通して神秘主義的な宗教経験と実践的な宗教経験を結びつけた。クエーカーの教えには霊的な面だけでなく行動的な面もあることを強調したい。この点に関してはアメリカの哲学者ウィリアム・ジェームズ（William James, 1842-1910）の分析が参考になる。ジェームズの英文著作『宗教的経験の諸相——人間性をめぐる考察、1901-1902年のエディンバラでの自然神学についてのギフォード講義より』（*The Varieties of Religious Experience: A Study in Human Nature—Being the Gifford Lectures of Natural Religion Delivered at Edinburgh in 1901-1902*）』[47]（1902年）によると、人間の精神は神秘的な宗教経験から活動の力を得る[48]。この見解は神秘的傾向が実践的傾向に通じるクエーカー信仰についても的を射ている。クエーカーの間では神の声に耳を傾ける霊的な側面とその声に従って活動する実践的な側面の両方が重んじられてきた。神からの働きかけを受けて得られる霊的な活力が平和活動や社会活動の形で大いに発揮されている。実際、第一次世界大戦および第二次世界大戦後の各地でのクエーカーの人道支援活動に対して1947年にノーベル平和賞が授与された[49]。

　新渡戸も単に霊験神秘の現象を追い求めたのではない。彼は「宇宙意識」を働かせて神が自分に与えた使命を見極め、神の励ましを感じ、意欲的に平和活動や社会活動に携わっていた。自らの行動が神の意に沿うものかどうかの思索と自らの行動によって神の意を表現していこうとする実行との往復運動の中で、彼の信仰は培われていったのである。

　学術や文化の交流を通して人間の相互理解を深めるという務めも新渡戸

の信仰実践そのものであった。これに関しては新渡戸・内村鑑三・宮部金吾らが札幌農学校時代にたがいをクリスチャンネームで呼び合い、信仰について熱く語っていたのが思い起こされる。当時の新渡戸のクリスチャンネームが「パウロ」だったことは、その後の人生にとって宿命的だったといえるだろう。新渡戸は外国人への福音伝道に尽くした使徒パウロがたどった道筋を図らずも歩むことになる。太平洋の架け橋として新渡戸は社会的な福音活動とも呼べる異文化理解の促進に力を注いだ。時代を遙かに隔てつつも、パウロと新渡戸の足跡の重なりは両者が実践を通して信仰を獲得していこうとする中でおのずと生み出されていったものに違いない。

このように、新渡戸のクエーカー信仰については内省的な静の部分だけでなく実践的な動の部分も考慮する必要がある。知行一致の信仰のありかたを色濃く示すのは著書『修養』（1911年）の文章である。自分と神、および自分と他者の関係が次のように表現されている。

　　人生は社会のホリゾンタル（水平線）的関係のみにて活るものでないことを考へたい。ホリゾンタル——多数凡衆の社会的関係を組織して居るその水平線——に立つて居れば、多数の間に其頭角を抜き、其名利を恣にし、又指導することも出来るでもあらうが、併し一歩進めて人は人間と人間とのみならず、人間以上のものと関係がある。ヴァーチカル——垂直線的に関係のあることを自覚したい。我々はたゞに横の空気を呼吸するのみで、活るものでなく、縦の空気をも吸ふものであることを知つて貰ひたいのである（『全集』7、57）。

新渡戸は「此縦の関係を結び得た人にして、始めて根本的に自己の方針を定めることが出来る（『全集』7、58）」という点に力を込める。

新渡戸が悟ったのは、他者との連帯感や他者への責任感は人間を超越する存在を仰ぐときに生まれてくるということである。神と人間の縦のつながりである「ヴァーチカル」な関係なしに、人間と人間の横のつながりである「ホリゾンタル」な関係を織り成すことはできないと実感していた。

彼のクエーカー信仰は自己と神の関係を基盤に自己と他者の関係を築いていく実践に見いだされる。

　実践を尊重するクエーカー信仰をめぐり注目すべき指摘を行うのはアメリカの宗教学者ハワード・ヘインズ・ブリントン（Howard Haines Brinton, 1884-1973）である。英文著作『クエーカー三百年史（*Friends for 300 Years*）』（1952年）で「もともと科学が方法であるように、クエーカー信仰は方法である」と断言する。実に、クエーカー信仰は神の導きを感じ取る手段であり、それを表現する手段である。このようなクエーカー信仰の特性は経験や実行を強調する新渡戸の宗教の定義にも重なる。彼の信仰は神と自己との「垂直線」と他者と自己との「水平線」からなる人生の座標軸の中で神から授けられた自他の「内なる光」を積極的に活かしていく方法である。

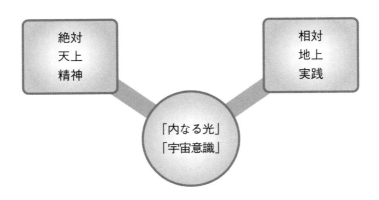

図1　新渡戸稲造のクエーカー信仰のありかた

　上の図1「新渡戸稲造のクエーカー信仰のありかた」は新渡戸の信仰実践をまとめたものである。彼は人間の尊厳を絶対・相対の両側から把握し、人生を天上と地上の両方向から見つめ、宗教経験を精神面・実践面の両面から追求した。「宇宙意識」を媒介に相反する要素を接合しながら、人間観・人生観・宗教観を形づくっていった。

人間や文化の交流を推進するために、新渡戸は生涯にわたってさまざまな橋を架け、相対するものを結びつけた。そのうちの記念すべき最初の橋が、クエーカー信仰の中核である「宇宙意識」の信仰によって彼自身と神との間に架けられた内なる橋である。彼は神とのつながりを軸に人間同士のつながりを編んでいこうとしたのだった。このような信仰を追求する彼にとって日本人であることとキリスト者であることは何ら矛盾しなかったのであり、次章ではこの点をさらに詳しく探っていく。

[注]

(1) 新渡戸は同年12月9日にボルチモア月会（Baltimore Monthly Meeting）に入会した。クエーカーは日曜日ごとに礼拝を守る集まりを「月会」と呼ぶ。月会を束ねる地域ごとのまとまりが「四季会」であり、それよりさらに大きな組織が「年会」である。
(2) 新約聖書「ヨハネによる福音書」第15章第15節を参照のこと。なお、本書で引用する聖書の句はすべて以下の聖書による。共同訳聖書実行委員会（訳）『聖書新共同訳』日本聖書協会、2008年。
(3) 新約聖書「ヨハネによる福音書」第1章第9節を参照のこと。
(4) 同書は政治家の国井通太郎（1886-1960）による新渡戸の講演や感話の筆記録である。
(5) 矢内原忠雄「新渡戸先生の宗教」矢内原忠雄『矢内原忠雄全集第24巻』岩波書店、1965年、402-20頁；武田清子「キリスト教受容の方法とその課題――新渡戸稲造の思想をめぐって」武田清子（編）『思想史の方法と対象――日本と西欧』創文社、1961年、271-318頁；高木八尺「新渡戸稲造の宗教思想を探求し、日本人によるキリスト教の受け入れの問題を考察する」高木八尺『高木八尺著作集第4巻・民主主義と宗教』東京大学出版会、1971年、473-507頁；佐藤全弘『開いた心をもとめて――新渡戸稲造とキリスト教世界』新渡戸基金、2006年を参照のこと。
(6) 新約聖書は1875年から一部の日本語訳が出回るようになり、全部の訳『新約全書』が完成したのは1880年である。また、旧約聖書は1882年から一部の日本語訳の出版が始まり、1887年に全訳が完成した。
(7) 一方、新渡戸と同期生であったキリスト教思想家の内村鑑三（1861-1930）は契約の署名になかなか踏み切れなかったが、いったん契約に名を連ねてからは生涯キリスト教信仰を貫いた。
(8) アメリカ文学者の亀井俊介（1932-）による著書『内村鑑三――明治精神の道標』（1977年）によると、「イエスを信ずる者の契約」はアメリカの牧師エドワード・エグルストン（Edward Eggleston, 1837-1902）により設立されたキリスト教努力教会（the Church of Christian Endeavor）に由来する。ウィリアム・クラークは来

日の前年からこの教会に属していた。努力教会の会員は基本的な信仰箇条に署名し、適切な機会が訪れた場合に受洗することを約束する。亀井俊介『内村鑑三——明治精神の道標』中央公論社、1977年、26-8頁を参照のこと。
(9) 新渡戸稲造「信仰経験を語る」札幌キリスト教会教会史編纂委員会（編）『札幌独立キリスト教会百年の歩み下巻』札幌キリスト教会、1983年、123頁。
(10) 同前、121頁。
(11) 同前、121頁。
(12) Inazo, Ota. "Religious Impressions of America." *The Friend's Review*. 60 (1886), 242. なお、新渡戸は1871年に叔父の太田時敏（1838-1915）の養子となり太田姓を名乗っていたが、1889年に長兄の七郎（1843-1889）が亡くなり、新渡戸家の家督として新渡戸姓に復帰した。
(13) アメリカの神学者アルバート・バーンズ（Albert Barnes, 1798-1870）を指す。
(14) ドイツの神学者ヨーハン・ペーテル・ランゲ（John Peter Lange, 1802-84）を指す。
(15) イギリスの神学者ジョセフ・バトラー（Joseph Butler, 1692-1752）を指す。
(16) ドイツの神学者テオドール・クリストリーブ（Theodor Christlieb, 1833-89）を指す。
(17) イギリスの神学者ヘンリー・パリー・リドン（Henry Parry Liddon, 1829-90）を指す。
(18) イギリスの神学者ウィリアム・ペイリー（William Paley, 1743-1805）を指す。
(19) 後に、この教会は札幌独立キリスト教会の前身である札幌獨立教会へと発展した。
(20) 内村鑑三も英文著書『余は如何にして基督信徒となりし乎（*How I Became a Christian out of my Diary*）』（1895年）で札幌農学校時代の集いを「芽生えの教会」や「小さな『教会』」と呼んでいる。内村鑑三 "How I Became a Christian out of my Diary" 内村鑑三『内村鑑三全集3』岩波書店、1982年、21頁を参照のこと。
(21) 「証言」には宗教的証言と、「平和の証言」・「質素の証言」・「平等の証言」・「誠実の証言」に代表される社会的証言とがある。
(22) アメリカのクエーカー各派のうち新渡戸が入会したボルチモア月会は、礼拝式次第を重んじる保守派に対して、礼拝式次第に基づかない「沈黙の礼拝」を重んじるリベラル派に属する。また、このボルチモア月会と関係の深い東京月会もその伝統を継承している。
(23) George, Fox. *A Journal or Historical Account of the Life, Travels, Sufferings, Christian Experiences, and Labor of Love in the Work of the Ministry, of that Ancient, Eminent, and Faithful Servant of Jesus Christ, George Fox Vol.1*. Philadelphia: J. Harding Printer, 1831, 74.
(24) 角達也（編述）『友を頂く——日本クエーカー教徒の研究列伝』第30号、1982年、2頁。なお、この講演の筆記録は同誌30号・31号の二号にわたり掲載されている。
(25) 小泉一郎「新渡戸博士とクエーカー主義」東京女子大学新渡戸稲造研究会（編）『新渡戸稲造研究』春秋社、1969年、36頁。
(26) 同前、35-6頁。
(27) 新渡戸の没後1940年に親族は彼の蔵書のうち農政・農業経済学・植民政策関連の書籍二千冊を北海道大学へ、キリスト教・歴史・伝記・文学関連の書籍三千三百冊を東京女子大学へ寄贈した。東京女子大学図書館はこれらの寄贈書に基づいて五千七百あまりの目録からなる『新渡戸稲造記念文庫目録——東京女子大学図書館

所蔵』(1992 年) を作成している。この目録によると、新渡戸はアメリカの思想家のラルフ・ワルド・エマーソン (Ralph Waldo Emerson, 1803-82) の作品を通してエマーソンの超越主義に触れていたと考えられる。東京女子大学図書館(編)『新渡戸稲造記念文庫目録——東京女子大学図書館所蔵』東京女子大学図書館、1992 年、271-2 頁：276 頁を参照のこと。
(28) 　内村鑑三『内村鑑三全集 36 書簡 1』岩波書店、1983 年、157-8 頁。
(29) 　内村鑑三は米国留学中にクエーカーに勧誘されたが、入会することはなかった。友会主催の講演「モーリス氏記念講演」(1915 年)によると、洗礼や聖餐の儀式を排除する点には賛同していたものの、「戦争を嫌ふ事」に納得がいかなかったという。ただし、よく知られているように、「聖書を研究して居る中にクエーカーにはならぬが、クエーカーの説明を待たずに非戦論になつた」。内村鑑三「モーリス氏記念講演」内村鑑三『内村鑑三全集 21』岩波書店、1982 年、527 頁を参照のこと。
(30) 　内村鑑三『内村鑑三全集 36 書簡 1』岩波書店、1983 年、185 頁。
(31) 　同前、185 頁。
(32) 　新約聖書「エフェソの信徒への手紙」第 2 章第 20-1 節を参照のこと。
(33) 　atonement の語源は和解するという意味の atone である。at one の言葉どおり、atone は一つになることを意味する。
(34) 　こうした新渡戸の贖罪をめぐる理解を踏まえ、政治学者の高木八尺 (1889-1984) は内村鑑三の贖罪理解と比較しつつ、手記「編集を終るに当り」(2001 年)で以下のように述べる。「私は歳を加えるに従い、先生の宗教に対する関心を深めて来た。限られた私の探求の結論ともいうべきは、先生の信仰がその本質に於て内村先生の信仰と相距ること遠くはなかったという解釈であった。両先生の信仰の根柢にはキリストとその十字架があったと観るべきと思われる」。高木八尺「編集を終るに当り」新渡戸稲造全集編集委員会(編)『新渡戸稲造全集別巻 2』教文館、2001 年、273 頁を参照のこと。
(35) 　武田清子『人間観の相剋』弘文堂新社、1959 年、5 頁。
(36) 　同前、6 頁。
(37) 　旧約聖書「イザヤ書」第 53 章第 3 節を参照のこと。
(38) 　旧約聖書「イザヤ書」第 53 章第 5 節を参照のこと。
(39) 　新約聖書「コリントの信徒への手紙二」第 1 章第 5 節を参照のこと。
(40) 　新渡戸稲造「信仰の慰安」『上毛教界月報』第 199 号、1915 年、3 頁。
(41) 　同前、3 頁。
(42) 　同前、3 頁。
(43) 　この書籍は初版以降 1929 年の第十五版までは『自警』というタイトルであったが、それ以後は『自警録』と改題された。
(44) 　矢内原忠雄『余の尊敬する人物・続余の尊敬する人物』岩波書店、1982 年、134 頁。
(45) 　矢内原忠雄「新渡戸先生の宗教」矢内原忠雄『矢内原忠雄全集第 24 巻』岩波書店、1965 年、403 頁。
(46) 　同前、403 頁。
(47) 　前掲の『新渡戸稲造記念文庫目録』によると、新渡戸はウィリアム・ジェームズによる同書や英文著作『プラグマティズム (*Pragmatism*)』(1907 年) を読んでいたと考えられる。東京女子大学図書館(編)『新渡戸稲造記念文庫目録——東京女子大学図書館所蔵』東京女子大学図書館、1992 年、22 頁：12 頁を参照のこと。

(48) William, James. *The Varieties of Religious Experience: A Study in Human Nature—Being the Gifford Lectures of Natural Religion Delivered at Edinburgh in 1901-1902*. New York: Dover Publications, 2002, 415.
(49) 同賞はクエーカーを代表してアメリカフレンズ奉仕団 (the American Friends Service Committee) とイギリスフレンズ奉仕団評議会 (the British Friends Service Council) が受賞した。
(50) Howard, Haines, Brinton. *Friends for 300 Years*. Pennsylvania: Pendle Hill Publications and Philadelphia Yearly Meeting of the Religious Society of Friends, 1952, xiii.

第 2 寄港地
祖国愛

「人類と生きとし生けるものすべてに忠誠を尽くす」

1 使命感

　国際連盟事務局次長時代（1920-26 年）のある日のこと、新渡戸は知的協力国際委員会の会合を終え、ポーランドの物理学者マリア・スクウォドフスカ＝キュリー（Maria Skłodowska-Curie, 1867-1934）と雨降りの中で自動車を待っていた。著書『東西相触れて』（1928 年）によると、国際連盟には夕立を止める力はないかとキュリーがおどけると、連盟は血の雨は止められるが空の雨を止めるには科学者の力を待たねばならないと新渡戸が切り返した（『全集』1、353）。もともと、実験一色の生活を送るキュリーを同委員会のメンバーに熱心に口説き入れたのは新渡戸であった。人との交際が苦手で愛想もなかったキュリーはしぶしぶ承知したが、次第に新渡戸とも打ち解け、笑顔を見せて冗談を言うまでになったのだった。国際協力を推進するべく新渡戸が奔走していた頃のひとこまである。

　各国の協調と平和のために国際連盟で働く新渡戸を突き動かしていたのは祖国への使命感であり、かつ世界への使命感であった。日本人でありながら国際人であることに加えて、かつての彼はキリスト者でありながら日本人であることにどう折合いをつければよいか悩んだ。そうした悩みを解消してくれたのがクエーカーの教えであった。国籍をはじめ出所を問わず、人の内面の価値を尊重するクエーカーの教えと出会い、日本人キリスト者

として生きる意味を発見した。「宇宙意識」を介して彼のよりどころは神とともにある祖国日本、さらに神とともにある世界の国々へと大きな輪に広がっていったのである。それゆえ、彼を突き動かしていたのは祖国への使命感であり、かつ神への使命感であったともいえる。彼は神との関係を基点に国家や世界のありかたを問いつづけていたのだった。

したがって、新渡戸の祖国愛のベースになっているのは、神のために国を、世界を、何より自らを役立てたいという思いである。けれども、キリスト教信仰に根ざした新渡戸の愛国の精神には注意を要する側面もある。日本への奉仕と神への奉仕をほぼ重ね合わせ、そのためにわが身を尽くすことに自らの存在理由を見いだす彼の愛国心には揺るぎなさが感じられる。しかし、そこには自らの存在価値を日本の存在価値によって測ってしまうという落とし穴も隠れている。

従来の研究では新渡戸の祖国愛に隠れているそうした落とし穴についてはあまり議論されてこなかったし、そもそも彼が国家をどのように捉えていたかは十分に掘り下げられてこなかったように思う。だが、愛するとは自らにとって価値あるものに惹かれることであるから、彼の愛国心の問題点を浮き彫りにするためには、彼が国家をどのように価値づけたかという問いを素通りできない。

ただし、新渡戸の国家観を把握しただけでも、彼の祖国愛の全容を網羅するには不十分である。国家をどう捉えるかということは、世界をどう捉えるかということと切り離すことができない。国家は単独ではなく世界の国々との関係の中で位置づけられるからである。事実、クエーカー信仰を原動力とする彼の祖国愛の対象は、神とともにある日本と世界の両方であった。信仰に裏づけられた内なる世界も含め、彼が世界をどのように意味づけたかという点も考慮しなければ、彼の祖国愛を語ることはできない。なお、国家観に踏み込んで彼の祖国愛を考える研究がほとんど見当たらない中、キリスト教信仰に根ざした世界観を踏まえた研究は矢内原忠雄による講演「人及び愛国者としての新渡戸先生」[1]（1937年）を筆頭に多く手がけられている。ともかく、新渡戸の国家観と世界観の両方を検討すること

が、神と国家と世界の間で育まれた彼独自の祖国愛を解明する決め手となるだろう。

2　国家の意味づけ

　新渡戸の国家の価値づけを確認するにあたっては、政治学者の福田歓一（1923-2007）の見解が参考になる。福田は「ドイツ国家学は領土、人民、主権を国家の三要素としてあげたけれども、領土と人民とが経験的概念であるのに対して、主権とはもともと一個の擬制にすぎず、理論的に同一レヴェルに並列できるようなものではなかった」[2]と指摘する。たしかに、国民国家を構成する要素の国土・国民・主権のうち、主権だけは別の次元からの分析が必要だろう。国土や国民と違って、主権は国家の機能や役割についてのおのおのの構想で、数値で一律に規定できない。ゆえに、新渡戸にとって国家とは何かを導き出すには、国の領域や構成員をめぐる彼の定義以上に、国の主権をめぐる彼自身の認識と心情の二点がキーポイントとなる。

　第一に、国家の権限にまつわる新渡戸の認識をよく示すのは英文連載「編集余録（*Editorial Jottings*）」中の英文所感「人間と国家間の平等（"Equality of Men and States"）」（1933年9月29日付）である。国家間の対等な関係が次のように解釈される。

　　　すべての国は平等であるという想定は、各国が人類全体の進歩に貢献できるという前提・法・秩序の三条件のもとに成り立つ。慢性的な混乱に陥っている国は、その仮定をいかに拡大解釈しようとも、国際社会で平等の地位を主張することはできない（『全集』16、532）。

　新渡戸は統治力のある国に国際社会で平等の地位が保障されると考え、国際社会の秩序の保全に貢献できる度合によって国家の存在意義の度合いを測っている。

ちなみに、新渡戸は国土や国民についても国家の統治力に基づいて意味づけを行う。国土に関しては前掲の『日本』に国家の領土は国家が形成していくものだと明記している（『全集』14、42-3）。その国に授けられた天然の国境を拡大するか縮小するかの切り札は統治能力だという（『全集』14、43）。一見すると、いたって当たり前のことを説明しているように思える。しかしよく読むと、国境の拡張と収縮は国家の支配力にかかっているという彼の考えがあらわになる。彼はそれほどまでに国土を守るための統制や秩序を重視していたのだった。

　国民に関しては新渡戸は前掲の「人間と国家間の平等」で次のように説いている。

　　人はみな生れながらに平等であるという宣言は、国民の国家への奉仕と国民の利用価値がみな等しく重要だという意味である。個人の能力がいかに違おうと、国民一人一人の価値はその国に対する敬愛の念と国全般の利益に対する貢献度で決まってくる（『全集』16、532）。

　念のために付け加えると、ここで述べられている国民の平等とは、人に等しく与えられている尊厳ではなく、人と人との等しい関係が保障される資格を指す。新渡戸は国家の役に立てる者にその資格があると考え、国家秩序の保全への貢献の度合いによって国民の存在意義の度合いを測っている。

　国民間の平等についてのこの一節は先ほど引用した国家間の平等についての一節と同じ文章のもので、続きにあたる。国民間にしても国家間にしても、秩序や発展といった公共の利益をもたらすことを条件に対等な扱いが説明される。結局、どちらの箇所も国の統制に重点が置かれている。新渡戸が考える国家の存在意義とは、統治システムが機能し、人類の進歩発展に力を注げることなのである。

　第二に、国家の統治能力にまつわる新渡戸の心情をよく示すのは前掲の「編集余録」の英文所感「国家の劣等感（"National Inferiority

Complex")」(1933 年 6 月 1 日付)である。彼は「国の振る舞いは個人の振る舞いと似ている。劣等感にさいなまれている国は大ぶろしきを広げたり、見栄を張ったり、ほんのささいな攻撃にも、また仮想の攻撃にさえもあおられて興奮することがある(『全集』16、478)」と書き表す。

ここで「劣等感にさいなまれている」といわれる国は中国だと解釈するのが妥当と思われてきた。特に 1931 年の満州事変後には新渡戸はしばしば中国を非難していたからである。だが、1933 年に発表されたこの短文には満州事変をめぐって書かれたということわりは一切なく、読みようによってはそれを日本と解釈することもできる。仮に劣等感にさいなまれている国がおおかたの見立てどおり中国を指していたとしても、それならなおさら彼が抱えていたコンプレックスがあらわにならないだろうか。彼は日本の統治システムに対して強い危機意識を持っていたからこそ、中国の人々の危機意識を鋭く感じ取り、それに嫌悪をぶつけたのである。いずれにせよ、まるで日本が列強国に対してため込んでいる劣等感や危機感を自分のものとしているかのような、国家の秩序に対する切実な胸中が汲みとれる。

何より、こうして国を擬人化して表現していること自体、新渡戸が国家の存在理由と自己の存在理由とをぴったりと合わせている証拠だろう。とりわけ、晩年の彼がつづった既出の「編集余録」の文章には、「国は誇り、自尊心を持つ(『全集』16、44)」といったように、国を人にたとえて国家のありかたを論じたものが多い。このような国家の擬人化表現は彼の国家観の背後にある思いを読み解く鍵となる。

中でももっとも切迫していたのは祖国の衰退への危機意識だった。それを裏づけるのは、満州事変以後に国際社会で日本が孤立を深めつつあった頃に記された「編集余録」中の英文所感「死すべき国("Mortality of Nations")」(1932 年 4 月 5 日付)である。新渡戸は「個人と同じように、国は死に去るのだ。有機体は一度にすべて亡びることはない。一部分一部分が全体からほころびていき、だんだんと生命力を失っていく(『全集』16、335)」と記す。やはり国を有機体になぞらえるこの記述からも、日本

の命運と自分の命運をだぶらせるような彼の心中がうかがえる。あたかも列強国が日本に与える脅威で彼自身の存続もおびやかされるかのような不安が漂っている。

　こうして新渡戸の文体にまで迫ると、いかに彼が日本の統治に危機感を募らせていたかが見てとれる。もちろん、そうした危機感は当時の国内外の情勢をおおいに反映したものであるから、近代の帝国主義の勢いの中で彼の心理を理解しなければならない。

　国内の秩序自体が動揺していた幕末に、アメリカからの開国の要求をはじめ国外から次々と秩序の揺さぶりを受けた衝撃は、新渡戸を含め当時の日本の人々の意識から簡単に拭い去れなかったはずである。1853年に米国海軍提督のマシュー・カルブレイス・ペリー（Matthew Calbraith Perry, 1794-1858）は江戸幕府に開国を促す米国大統領親書を携え、艦隊を率いて日本に来航した。その際に圧倒的な力を見せつけられて、人々の心には恐怖やコンプレックスが刻み込まれていったに違いない。後に日本は国家の近代化を進め、東洋の新興国として何とか列強国の仲間入りを果たす。だが、欧米列強の侵害から日本の主権を守りぬかねばならないと、人々は片時も緊張を和らげられなかった。

　実際、新渡戸は日本人初の国際連盟事務局次長を務めていたとき、スイスのジュネーヴで欧米中心の国際社会の体制をじかに経験している。国際協調や国際平和の理念を掲げる連盟にも、いや連盟にこそ、不平等で不正義なシステムが存在しているのを痛感したのだった。

　なお、新渡戸の国際連盟での最大の功績の一つは連盟の総会や部会で使用される言語の不平等についての報告書「エスペラントと国際連盟における言語問題（"Esperanto and the Language Question at the League of Nations"）」（1921年）を提出したことである。彼は「すでに言語以外の点でその存在感が強大なフランス語圏および英語圏の列強国がそれら二言語を国際社会でのコミュニケーションの唯一の媒体とし、他国の言語的な機会の平等を否定するのは不公平である（『全集』別巻2、21）」と訴えた。フランス語や英語を母国語としない人々にとっては二言語の公用語の決定

は重い障害になっており、正義とは何かという疑問を投げかけると少数派の声を代弁している（『全集』別巻2、21）。西欧中心の国際連盟の体制に対してこのように連盟内から異議を唱えた報告書の意義は大きい。

新渡戸が訴えかけたように、国際連盟の共通語としてフランス語・英語の二カ国語が採択されたこと自体が当時の欧米中心の世界の支配構造を象徴している。彼はそのシステムで生み出される格差を目の当たりにしたのである。彼がまざまざと見たのは協調や平和とは名ばかりの列強の利害の対立であった。その中で彼は欧米の列強国と互角にわたりあわねばならないと常に焦っていたと思われる。肝心な場面では日本はいまだに欧米から対等に扱ってもらえないという現実を前にして、いらだちを募らせたことだろう。

次のエピソードは国際連盟時代の新渡戸の切迫感をつぶさに伝える。当時の彼には日本が西洋からどう見られているかを過剰なまでに気にする向きがあった。精神科医の神谷美恵子（1914-79）は著書『遍歴』（1980年）にその頃の彼の言葉を書き残している。神谷の少女時代に国際労働機関の職員だった父の前田多門（1884-1962）は新渡戸と同じくジュネーヴで働いていた。そのため、神谷の母は子どもたちを伴って一家転住した。新渡戸はいつになく強い調子でジュネーヴに着いて間もない神谷の母に次のように言い放ったという。

> 四人もの小さい子どもを連れてきてはたいへんだ。何しろここでは日本とちがって、ただ子どもを育てていればよいというわけには行かん。日本政府代表の夫人としての重い役目があるのだ。各国代表とつき合うだけでも骨が折れるんだよ。言うことなすことが一々日本の文明水準を示すものと見られるのだ。よほど覚悟をして日本の恥とならないような生活をして欲しい。(6)

国際社会で「日本の文明水準」を少しでも高めようと骨を折る新渡戸のものの言いかた(7)には痛ましいくらいに気負いがにじんでいる。日本への愛

着が執着にまで凝り固まっているような印象さえ受ける。

　欧米の列強国に対する卑屈な思いをまといながらも、新渡戸は国際社会で日本の存在を印象づけようと力んでいた。そうした張り詰めた覚悟や意地は、欧米と日本の両方にひたむきに向き合った彼のような人こそがもっとも強く背負っていたに違いない。国際社会の中で統治力・統制力をアピールしなければ、日本が列強国の中で独立を守り、確固たる地位を築くことはできないと肩ひじ張っていたのである。

　これまで国の秩序を重視する新渡戸の認識と心情について見てきた。彼が強固な国家の統治力を優先していること自体が問題なのではない。彼の国家観の問題は、強固な国家の統治力とその存在意義とを一つに連結させている点である。つまり、彼にとって存在価値のある国家とは、世界の文明の進歩発展に貢献できる統制のとれた国家に限られる。

　そのような価値基準は晩年の新渡戸の論説「米国の対日態度に就いて」（1933年）の一節にも示されている。彼は「道徳思想と標準が稍稍同一程度に進んだ国民は、其交際に於て差別なく、平等に取り扱はるゝに至れば、其関係国は国際家族に編入される（『全集』4、469）」と述べる。しかし、同論説中の別の箇所の言葉を借りてこの記述を裏返せば、「若し一国民にして道徳観念が他の国よりおおいに異り、日々の交際上、平等に交わり難きものがあれば、其国民と差別して其国の法律を認めない（『全集』4、469）」ということになる。そうなると、当時の欧米列強国が示す指標にすぎない「国際基準」には満たないと判断される国はおのずと国際社会から締め出される。節度が保たれている国にのみ存在意義を見いだす物差しは、ときとして国家を選別し、格付けする物差しに変貌する。この価値基準こそが彼の国家観の問題点である。

　結果として、一定レベルの統治能力を想定する新渡戸の国家観は、人間の進展のために自制や統制を重んじるキリスト教文明を基盤とした近代西洋の国家観に倣うものであろう。キリスト教的な価値観を吸収しながら、彼は日本の近代化と歩調を合わせるようにして日本人キリスト者としての自己統合を確かなものにした。その中で彼がキリスト教文明を背景にでき

あがった近代国家の価値づけを疑いなく受け入れたことは十分に納得できる。だが、彼の価値基準には統治力によって国をふるい分けるだけでなく、その際にはじき出される国の存在をないがしろにする危険が潜んでいる。

事実、新渡戸の国家観の欠点はやはりキリスト教信仰に裏づけられた彼の文明観やアメリカ観・中国観の欠点とも根底で通じる。それらについては彼の植民政策論との関連から第四章で、満州事変論との関連から第五章でそれぞれじっくり考えていくつもりである。

3 世界へのまなざし

新渡戸が国家をどのように見ていたかだけでなく、世界の国々をどのように把握していたのか、さらには彼の内面の世界がどのように広がっていたのかも押さえたうえで、彼の祖国愛の全容を解き明かしていきたい。

クエーカー新渡戸の世界観はあまねく宇宙で国籍に関わらずすべての人の尊厳を重んじる「宇宙意識」のもとに培われていた。「編集余録」中の英文所感「忠誠心への忠誠心（"Loyalty to Loyalty"）」（1931 年 9 月 8 日付）からは「宇宙意識」をよりどころに彼が神とともにある世界に立っていたことがうかがえる。彼は「祖国・故郷・母校・友人や家族、そして人類と生きとし生けるものすべてに忠誠を尽くす（『全集』16、255）」と表明する。「己の良心に忠実でなくなったとき、愛国心は美徳ではなくなる（『全

集』16、255)」という点に力が込められている。彼は家庭・地域社会・国家・世界、さらにはそれらを丸ごと慈しむ神に対して忠誠を誓う。いかなる統治組織や権力をも超越する神の存在ゆえに、それらは大切なものとなる。彼にとって世界とは神から尊厳を与えられているあらゆる人とのつながりである。

　新渡戸が国家や国際社会の枠組みを超えた存在を尊び豊かな世界を見据えていたことは英文著作『日本人の特性と外来の影響（*Japanese Traits and Foreign Influences*）』（1929年）の一節にも表れている。

> 天皇に対する忠誠・法の遵守・愛国・礼儀と社交儀礼、これらはいずれもたしかに価値ある日本の美徳である。しかし、結局のところ生活上の外面的な配慮にすぎない。人間の本当の関心事というのは精神に宿るとても深いものである。それは政治革命や社会革命などよりもっと深遠な問題なのだ。それゆえに、内なる変化こそがきわめて重要で、その変化が臣民という概念を人間という概念に引きあげてくれる。市民が「人」という位置に高められるまでは、民主主義を求めるあらゆる叫び声は、空虚な音になって消えていってしまう。もっとも奥深い内面のこの変化が二足動物を「人間」にしてくれるのである。そのような変化過程が完成されて行き着くのが変容なのだ（『全集』14、453）。

　新渡戸が日本国民という概念の上に人間という概念を置くことができるのは、国家のシステムの内奥に一人一人の人間を見つめているからである。彼の最大の関心事は国家の枠組みではなく、国家を構成する人間、さらに突き詰めれば神から授かった人間の内なる尊厳にあった。

　その結果、新渡戸にとっての日本は神が与えた尊厳をとどめる人々と一緒に生きる神聖な場所になる。同様に、世界はその尊厳を等しく与えられている人類と一緒に生きる神聖な場所になる。こうして、人間そのもののありかたを追求する彼の目は世界全体に開かれていく。

以下の図2「新渡戸稲造の祖国愛の対象」に表したように、彼の祖国愛がカバーする領域は神・日本・世界の別個の三つの円ではなく、神という一つの中心を共有する同心円で図解できる。その範囲は神へ、その神の息吹に触れる日本へ、そして世界へと同心円状に広がっている。

　「宇宙意識」を信じるクエーカー新渡戸にとっての祖国は日本地図の境界を超え、世界地図の境界を超える。究極的には神とつながっている宇宙全体が彼の祖国である。その広さは彼の祖国愛に深い意味を与える。彼が祖国を愛するというとき、神の国の民としてともに生かされている日本の人々への思いと世界の人々への思いの両方を含むからである。

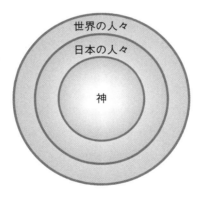

図2　新渡戸稲造の祖国愛の対象

4　愛国的キリスト者

　新渡戸は統治能力のある国家に存在意義を見いだしてはいたが、彼にとってはその国家さえも神の権威のもとにあったことをあらためて確認しておきたい。『随想録』中の英文所感「日本のキリスト教化（"The Christianization of Japan"）」（1907年）には彼の基軸が示されている。神の意志にかなう神聖なる国家、正義の絆で結ばれた人間の集合体としての国家を仰ぐかぎり、キリスト者であることと愛国者であることは矛盾しな

い という(『全集』12、360)。彼は国家を単に人間の共同体と見るのではなく、神の意志に添うべき共同体と見ている。彼には神の権限がいかなる国家の権限にも勝る。

　それでも実際には、幕末から昭和初期を生きた新渡戸が日本人キリスト者としての祖国愛を守り通すのは容易なことではなく、彼はさまざまな国内外のシステムにぶつかった。さかのぼれば、彼が神のため、祖国のために忠誠を果そうと強く心に刻んだのは札幌農学校時代であった。手記「旧友内村鑑三氏を偲ぶ」(1930年)で当時を振り返っている。1881年の同校卒業のとき「国と同胞の為に一身を捧げる(『全集』4、559)」こと、「キリスト教信徒として一生を全うする(『全集』4、560)」ことを内村鑑三や宮部金吾と誓いあい、校門を巣立ったという。

　後に、内村鑑三はこのような愛国的キリスト者の生きかたを「二つのJ」への献身と表現した。英文所感「二つのJ("Two J's")」(1926年)に「私は二つのJを愛し、それ以外に私が愛するものはない。二つのJの一つはイエス・キリストを指し、もう一つは日本を指す」という名言を残している。イエス(Jesus)と日本(Japan)の「二つのJ」への信念については「私の信仰は一つの中心からなる円ではなく、イエスと日本という二つの焦点からなるだ円である」との記述もある。いうまでもなく、だ円は二つの焦点からの距離の和が一定の図形である。だ円になぞらえられた内村の信仰生活の軌跡は、その図形の性質がまさに示すように、イエスと日本の二つを等しくよりどころとし、神への不変の献身を描くものであった。

　内村鑑三と同じく新渡戸も生涯「基督の為め国の為め」に尽くした。新渡戸の場合はクエーカー信仰を確立することで日本人かキリスト者かという二者択一を避け、その両方を活かす道を発見したのだった。繰り返し強調すると、新渡戸も内村も神のために国を愛したのであって、国のために神を愛したわけではない。

　ところが、当時こうしたことを理解しない人々は、新渡戸や内村鑑三らを含むキリスト者への対決姿勢をあらわにしたのだった。特に天皇中心の国家の基盤を固めていこうとしていた国家主義者の多くは、キリスト者と

して神に尽くすのか、それとも臣民として天皇に尽くすのかと日本人キリスト者を問い詰めた。その中で槍玉に挙げられたのが内村であった。1891年に彼は社会に大きな波紋を投じ後に不敬事件と呼ばれた騒動に巻き込まれた。第一高等中学校の教育勅語奉読式で天皇の署名に最敬礼をしなかったために、教員だった彼の天皇への敬意のほどが疑われて厳しく非難された事件である。1889年には大日本帝国憲法によって天皇制国家のシステムが示され、翌1890年には教育勅語によって天皇の臣民としての国民の規範が示された。時は天皇中心の国家体制固めのまっただなかにあった。内村はそうしたタイミングで渦中の人となったわけである。

　不敬事件は内村鑑三だけでなく新渡戸の愛国精神を理解するうえでも重要な出来事であるから、しばらく事件の経過をたどってみたい。この一件を踏まえて、哲学者の井上哲次郎（1856-1944）は著書『教育ト宗教ノ衝突』（1893年）を発表した。井上は唯一の神を真の君主とあがめるキリスト教は天皇への忠誠をないがしろにする教えだと主張する。[13]「耶蘇教が民心を分離する」[14]とセンセーショナルに唱え、天皇の上に神を据えるキリスト教は天皇に対する忠義を軽んじ、国家を優先しないとキリスト教徒を攻撃した。同著をきっかけに神への忠誠と天皇への忠誠をめぐってキリスト者と国家主義者の間の論争がさらに過熱していった。しかし、キリスト者に対する井上の批判は少なくとも騒動の発端となった内村には当てはまらない。

　新渡戸は不敬事件当時は結婚直後でアメリカに滞在中であったが、帰国するとただちに内村鑑三を訪ねた。「あれ位熱烈な愛国者に、この汚名を下すをば如何に世俗の無理解なるかに驚かざるを得なかった（『全集』4、562）」と前掲の「旧友内村鑑三氏を偲ぶ」にその際の心境をつづっている。さらに、「心にもない敬礼などは出来ない、陛下御自身の為なら命を棄てるが上つ面の礼式などは出来ないネ（『全集』4、562）」と漏らした内村について、新渡戸は次のような思いを記した。

　　この一言は彼の性格をよく現はすものである、その後四十年彼の言行
　　を細かく調べたならば、如何に彼はキリストの忠実なる従僕であつた

と同時に、如何に真剣なる日本人で、又日本の忠良なる臣民であつたかゞ明かである。彼の愛国、彼の忠義、彼の友情は何れも確固たる信念を基として出たものである（『全集』4、562-3）。

　新渡戸自身もイエス・キリストに忠誠を果たすと同時に、日本、さらにはその統治者としての天皇に忠誠を果たすことのできる信仰を共有するがゆえに、内村鑑三が不敬をはたらいていないと証言できたのだった。新渡戸や内村にとって祖国に奉仕することは神に奉仕することであり、神に奉仕することは祖国に奉仕することであった。たとえ国家主義者らに非難されても、これはただ一つの神の意志に忠実に生きようとする二人の日本人がそれぞれにたどり着いた境地なのである。

　後に、新渡戸は前掲の『武士道』でも不敬事件を念頭に「ああ、国家が国民に対し良心の指令権を要求するまでに権力が強大になる日こそ悲しむべき日だ！（『全集』12、79）」と嘆いている。行き過ぎた国家権力が国民を押さえつけるのを徹底して拒んだ。明治期に推し進められた天皇制や大正期に勢いを増した民主制などその時々の政治の枠組みの中で、彼の忠誠の軸が揺らぐことはなかった。天皇や人民が治める国を超えたところに神が治める国を見据えていたからである。

　事実、天皇の統治に敬意をはらって従いながらも、新渡戸は天皇をむやみにあがめたてまつることはなかった。著書『内観外望』(1933年)では「私は、天子様を普通にいふ神様だとは思はない（『全集』6、302）」、「天子様であつても人間であらせられる（『全集』6、261）」と言い切っている。このように率直な発言は神の前では天皇も等しく人間であると見る新渡戸のキリスト教信仰を裏づける。

　ところで、英文著作『日本──その問題と発展の諸局面（*Japan: Some Phases of her Problems and Development*）』[15](1931年)で新渡戸は太平洋戦争後に日本の憲法に示された象徴天皇の規定に先駆けた見解[16]を披露している。天皇は国の代表であり、国民統合の象徴であるとすでに戦前に言ってのけた（『全集』14、176）。天皇の神格ではなく人格を敬っていた新渡

戸にとって、天皇は国民をまとめ、身をもって日本の伝統精神を受け継ぐ人間に他ならない。

　新渡戸は前掲の『内観外望』でも「日本の王者は、人民に対して権利を主張するやうな王者ではない。権利に対して、一つの義務と職責を感ずる（『全集』6、303）」と述べる。天皇の権威は国民を支配し服従させる力ではなく国民への務めに由来すると考えている。そこで、「王道といふものは、決してデモクラシーと相反するものでない（『全集』6、284）」と説く。天皇が国民の統一と国の伝統文化のシンボルである限り、天皇制は民主主義の理念や形態とも共存可能だと見ていたのである。

　これに関して新渡戸は前掲の『日本人の特性と外来の影響』で民主主義の核心を次のように説明している。

　　民主主義の正当性を見極めるのに、王権神授説や社会契約論に深入りする必要はない。大切なのはただ自己の内なる声に従うことである。つまり、同胞との一体感を得ることだ（『全集』14、470）。

　たがいの人格を尊重することの大切さに目覚めなければ、本当の意味で民主主義は浸透していかないという。引用文中の「内なる声」や「一体感」といった言葉は新渡戸のよりどころとなっているクエーカー信仰を暗示している。彼は祖国を同じくする人々の内に神から等しく授けられている尊厳を見極め、「宇宙意識」を介して神との絆や人々との絆を感じ取る。民主主義の意味や制度の根底にも神との関係を見定めていたのである。

　こうして天皇観や民主主義観を検討してみても、新渡戸がただ一つの神の権威に従順(17)であったことが確認できる。彼の祖国愛の対象は国家を超えて人類へと押し広げられ、国家を超えて神へと集約される。

5　人間愛

　新渡戸は日本人キリスト者としての祖国愛をどのように表現したのだろ

うか。彼は日本社会への奉仕と国際社会への奉仕の二点によって祖国愛を実行に移し、神に尽くそうとした。

　第一に、社会的立場を問わずあらゆる人の人格を重く見る新渡戸の祖国愛は日本の社会全体に対する使命感に結びつく。彼はたがいの存在価値を認め合える社会を築いていこうと積極的に働きかけていた。

　第一高等学校校長時代（1906-13年）に新渡戸は学生たちに他者との協調の大切さを唱えた。校長演説「籠城主義とソシアリチーとに就いて」（1907年）の筆記録そのものは従来の研究ではほとんど引用されない。だが、その記録は「ソシアリチー」、すなわち社交性について熱心に学生に語りかける貴重な彼の声を伝える。おごりたかぶった「自ら高しとする」[18]態度や自分とは違う人の意見に耳を貸さないひとりよがりの態度を捨て、「ヂヴァーシチー」[19]、つまり多様性を受け入れようと呼びかけるものである。

　えり抜きの秀才が集った当時の第一高等学校には、「バンカラ」な風貌に身をつつんで自分たちを世間から隔絶することで誇りを保とうとする籠城主義なるものがはびこっていた。新渡戸は社会から自分を隔てると自己陶酔や自己満足に陥りやすいと戒め、籠城主義の弊害を説いたのだった。そのうえで、自分と同じ尊厳を宿す他者の存在を認めて協力していくよう勧めた。

　なお、この新渡戸の演説は学生だけに向けられていたわけではないようだ。教員の務めは「生徒と友とし交わる」[20]ことで、生徒を高みから見下ろすことではないと傍らの教員に向かっても語った。当時の教育現場では教員と学生の間の上下関係は厳しいものであったから、この言葉はかなり新鮮に受け止められただろう。「ハイカラ」な新渡戸が身をもって示した徹底した人格尊重の教育は、反発を生みながらも、学生や教員の間に新しい気風を送りこんだに違いない。

　また、新渡戸が勤労青年・少女の自己啓発を促す著作を数多く発表し、学校教育現場以外に社会教育にも貢献したことを忘れてはならない。第一高等学校校長と東京帝国大学農科大学教授を兼任していた1908年、彼は雑誌『実業之日本』の刊行を手がける実業之日本社の編集顧問に就任する。

この職を引き受けた理由を手記「余は何故実業之日本社の編集顧問となりたるか」(1909年)で次のように明かしている。

> 世には地方に燻れて誠心を披瀝して語らう友もなく、読書の暇もなく、而して胸に蟠る煩悶を消すに由ない人が必らず多いであらう。僕は瞑想するとその人々が苦悶して居るさまがあり〴〵と眼前に髣髴するやうな心地がする。僕の身に引較べて衷心から同情の念に堪へない。今回顧問の位置に就いて誌上でこれら多数青年に接近し鄙見を述ぶる機会を得たのは僕自身の実験に照して深く愉快とする所である(『全集』7、690)。

社会の中で弱い立場、苦しい立場にある人々への新渡戸の深い労わりのまなざしがうかがえる。『実業之日本』誌上の月二回の連載が人気を得たのは、彼がそうした人々の思いに応えていたことの証である。彼はわかりやすい言葉でざっくばらんに自身の経験を説いた。後に、連載記事は『修養』(21)(1911年)・『世渡りの道』(1912年)・『自警』(1916年)・『人生読本』(前掲)の四冊に書籍化された(22)。自らの人格や使命を大事にして、積極的に社会に関わり責務を果たしていくよう読者を励ますメッセージがどの本にもこもっている。

当時、第一高等学校や東京帝国大学でいわゆるエリートの教育に当たる一方、実業界での成功を指南する大衆誌『実業之日本』に新渡戸が連載を続けていたことについてはとりわけ学術界からかなりの批判の声が挙がった。両校で新渡戸の教えを受けた社会思想家の森戸辰男(1888-1984)は論説「教育者としての新渡戸先生」(1936年)にそのあたりの事情を記している。森戸によると、「『実業之日本』のやうな低級な通俗雑誌に通俗的テーマで執筆することは大学教授の尊厳品位を傷つけるものとして、先生の通俗的活動を白眼視するやうな態度も相当強く存在してゐたのである(『全集』別巻1、308)」。今日では大学の教員が社会に向けて発言したり活動に従事したりするのは特異なことではないし、学問を社会に開く姿勢

としてむしろ歓迎される。しかし、当時はそうした姿勢は学問の「尊厳品位を傷つける」と冷ややかな視線をあびたものだった。新渡戸がいたってやさしい言葉で社会性の何たるかを説き、自ら学術界の「籠城」から世俗界に進み出たことはぜひとも記憶されるべきだろう。

　大衆雑誌への寄稿のほかにも新渡戸の社会貢献活動として注目したいのは協同組合活動である。彼は1931年に郷土の岩手産業組合中央会岩手支会長に就任し、1933年にカナダで客死するまで会長を務めた。加えて、キリスト教社会運動家の賀川豊彦（1888-1960）とともに1932年の東京医療利用組合の発足にも一役買っている。

　なお、国内の連帯を呼びかける一連の新渡戸の活動は、国家間の連帯を見据えたものであった。全国産業組合大会で行った講演「産業組合の精神に就いて」（1928年）には彼が目指した活動の幅がよく表れている。「一村の中にあつて個と個人の間に協力を計るも、世界の国と国との間に取つて国際的の協力を計るも、精神に於ては変わつたことはない（『全集』別巻2、538）」というスピーチである。彼の視野の広さには圧倒される。彼はグローバルな視点からローカルな社会活動に取り組んでいたのだった。

　第二に、人種や国籍を問わずあらゆる人の人格を重く見る新渡戸の祖国愛は人類全体に対する使命感に結びつく。その使命は「編集余録」中の英文所感「愛国精神と国際協調精神（"Patriotism and Internationalism"）」（1930年6月7日付）で次のように示されている。

　　愛国主義の反意語は国際主義や世界主義ではなく排他主義である。国際協調精神は愛国精神の延長線上にある。祖国は他国との関係で存在しており、祖国の存在理由はその関係性の中にあるのだから、祖国を愛するということは、必然的に他国を愛することに通じる。同時に、世界を愛せば、その世界を構成するもっとも身近な一部である祖国を最大限愛さずにおれない（『全集』16、35）。

　さらに、新渡戸は「祖国の偉大さと務めを信じ、人類の平和と利益への

貢献を志す人こそ、真の愛国者であり国際人である（『全集』16、35）」と強調する。

　新渡戸の愛国の心は国際協調の心と深くつながっており、自国以外の人々に対して差別的になる排他的愛国心や、自国以外の人々に対して侵略的になる好戦的愛国心とは本質的に異なる。祖国を「日本村（『全集』7、77）」と呼ぶ前掲の『修養』での言い回しが何よりそれを物語っている。彼は人類の共同体の一村にすぎない「日本村」の村民であることをわきまえ、一国の狭い視点にとらわれず、世界規模の視点に立って日本のありかたを見つめたのである。

　ナショナルとインターナショナルの対立軸を克服したところに打ちたてられている新渡戸の祖国愛は、「人類は究極の目的において一つである（『全集』15、353）」という言葉にもほとばしっている。これは民間レベルで人間の相互理解を推し進めることを目的とする太平洋問題調査会が主催した1929年の京都会議でのあいさつ（"Opening Address at the Kyoto Conference of the Institute of Pacific Relations"）の一節である。彼は東洋と西洋を一つに結びつけ、人類の調和を探求することに愛国者としての使命を見いだしていた。

　新渡戸は前掲の『東西相触れて』の序文でも愛国者の責務に触れている。「人間といふ共通の立場に立つて国際的諒解に力め且つ之を進むることが現代及び将来の我国人の為すべきことで、東西を相結びつけるのが邦人の義務ではあるまいか（『全集』1、150）」と述べる。自国だけでなく各国の人々や文化に人類という共通の地盤から向き合って、相互の架け橋になることが自らの天職だとわきまえていた。

　1911年9月から翌年5月まで新渡戸はまさに太平洋の架け橋として日米の人々の相互理解を促す講演活動に従事する。米国のカーネギー世界平和財団（Carnegie Endowment for International Peace）が創設した日米間の文化・学術交流プログラムの日本側の初代日米交換教授に任命され、米国の大学で巡回講演を行った。この講演旅行に同行した政治家の鶴見祐輔（1885-1973）の手記「日米交換教授時代の新渡戸先生」（1936

年）には新渡戸が巡回した六大学の名が挙げられている：ブラウン大学（Brown University）、コロンビア大学（Columbia University）、母校ジョンズ・ホプキンス大学（Johns Hopkins University）、ヴァージニア大学（University of Virginia）、イリノイ大学（University of Illinois）、ミネソタ大学（University of Minnesota）。これら六大学に加え、スタンフォード大学（Stanford University）、シカゴ大学（University of Chicago）、ワシントン・アンド・リー大学（Washington and Lee University）にも立ち寄った（『全集』別巻1、208-16）。合計すると九カ月の間に約百五十回もの講演を行ったことになる（『全集』別巻1、217）。実際にその土地を訪れて人々と触れ合わずともインターネット上で交流が可能な現在から見るとなおさら、こうした直接の異文化交流はきわめて有意義なものといえる。

着目したいのは、当時の主要な講演原稿を収めた英文著作『日本国民――日本の土地・民・生活、米国との関係を踏まえて（*The Japanese Nation: Its Land, its People and its Life with Special Considerations to its Relations with the United States*)』（1912年）の前文である。新渡戸は日米交換教授の任務を引き受けた最大の動機を次のように記述している。

> 思想をある所から別の所へ伝えることは、高度な知性や創造的な心のひらめきが要求されることではない。しかし、もしもいかにスローであっても一つの音符を加えて多様な国民や不協和音をかき鳴らす対立概念を和音にできるのなら、私は第二・第三の副旋律を奏でる役割を率先して果たしたいと思う（『全集』13、9）。

オーケストラの主旋律に副旋律を紡ぎ出すというたとえを使いながら、新渡戸は謙虚に、しかし力強く日本と欧米の橋渡しをする望みを表明する。彼が自らの務めと受け止めていたのは、日本文化を紹介する役割だけでなく、異文化間の学びを推し進める役割であった。

日米交換教授の経験を通して新渡戸があらためて自覚した使命は、単に

外国に向けて日本文化を発信することではなかった。彼が担おうとしたのは、双方の文化に通じる価値の発見を導くような相互理解の仲介者としての働きであった。それぞれの文化の違いを知り、それを差し引いても確実に残る人間共通の理解を掘り下げる、この仕事に彼は生涯を賭けたのである。

　ところで、日米交換教授としての新渡戸の実績に対して生涯アメリカの大学で教鞭をとった歴史学者の朝河貫一（1873-1948）からは厳しい意見が寄せられた。朝河から倫理学者の中島力造（1858-1918）宛ての書簡（1913年1月19日付）によると、学問の専門性を重んじる朝河には新渡戸の講演内容が安っぽくて学問的深みに欠けると映ったようである[25]。だが、新渡戸の主眼は専門性の高い学術講演を行うことではなく日米間の相互理解を促すことに向けられていたのだった。

　日米交換教授のほか国際連盟事務局次長の任務を通しても新渡戸は人間と文化の架け橋となる仕事に力を注いだ。マリ・キュリーらを束ねて世界の学術交流を推し進める方法を審議する知的協力国際委員会での活躍をはじめ、国際連盟での新渡戸の働きを何より証明するのは、彼の退職にあたって贈られた言葉である。国際連盟が正式に発足した1920年1月10日からちょうど七回目の記念日の1927年1月10日、国際連盟事務総長ジェームズ・エリック・ドラモンド（James Eric Drummond, 1876-1951）に続いて職員一同が新渡戸に送別の言葉を贈った。その英文の送別の辞は「署名簿」という名で盛岡市先人記念館に所蔵されている。一同は「大きく隔たる東洋と西洋の間の架け橋になりたいというあなたの子どもの頃からの夢は今やあなた自身の行動によって現実のものとなりました」[26]と書き送った。これにまさる国際連盟時代の評価はないだろう。

　国際連盟に代表される国際レベルの連携から、太平洋問題調査会や日米交換教授に代表される草の根レベルの連携まで、新渡戸の取り組みがカバーする範囲は実に広い。彼の思想や活動が多国間・二国間・民間におよんでいた事実は、国家の枠組みを超えて人類共通の目的や価値を求め、人々との連帯を模索していた証である。

以上のように、クエーカー新渡戸は日本と世界の人々との絆を強めようとしていた。日本と世界の双方に注がれる彼の人間愛の実践のもとは神への信仰実践にあった。日本国民であって世界市民である前に、神の民であることを心得ていたのだった。

　こうしてみると、新渡戸が意味づけた国家とは、自らを神のために活かす器であったことがわかる。彼の祖国愛は良くも悪くも日本人キリスト者としての誇りと結びついている。キリスト教文明に根ざした西洋の近代国家の枠組みをなぞり、国家の統治力と存在意義とを直結させる彼の国家の価値づけには、疑ってかかるべきところがある。しかし、祖国日本だけでなく人類をまとめあげる神に忠実であろうとする彼の活動の真価については疑いの余地はない。そうした日本人キリスト者としての祖国愛が凝縮されているのが、次章でひもとく代表作『武士道』である。

[注]

(1)　矢内原忠雄「人及び愛国者としての新渡戸先生」矢内原忠雄『矢内原忠雄全集第24巻』岩波書店、1965年、687-97頁を参照のこと。

(2)　福田歓一『デモクラシーと国民国家』岩波書店、2009年、134頁。

(3)　特に意味を込める場合を除いては、現在の英語は国家を代名詞で受けるのに非人称代名詞 it を用いる。当時は人称代名詞 she で受けるのが通例であった。

(4)　そのうちの四つの例を挙げる。一つ目は「国は個人と同じように間違いを犯しやすい（"A Nation as Likely to Err as an Individual"）」と題するコラムでの「国は自身の欠点を認識することができる（"a nation may recognize its own fault"）（『全集』16、34）」という記述である。二つ目は「国は自身で考え、感じるものである（"A nation is what it thinks and feels"）（『全集』16、55）」という表現である。三つ目は「どの国にも欠陥がある（"Every nation has faults."）（『全集』16、136）」という描写である。四つ目は「国のざんげ（"A Nation's Repentance"）」と題するコラムでの「国は悔いあらためることができるのか？（"Can a nation repent?"）（『全集』16、333）」という問いかけである。

(5)　内村鑑三の著作にも国の擬人化表現が多く見られるのはけっして偶然ではないだろう。新渡戸と同じく愛国的キリスト者であった内村も祖国に対してはなみなみならぬ思いがあったに違いない。この点を解明するのはアメリカの内村鑑三研究家ジャン・フォーマン・ハウズ（John Forman Howes, 1924-）である。ハウズは英文著作『現代日本の預言者──内村鑑三（*Japan's Modern Prophet: Uchimura*

Kanzô, 1861-1930)』（2005 年）で内村の擬人化表現を分析している。ハウズが言い当てているように、内村の表現の背後には神の正しさに日本の正しさをなぞらえようとする思い入れがある。加えて、そこに絡みついているのは、日本が神の意志に沿った国家であることの承認を他国に求める承認欲求である。この衝動こそ彼が自らの存在意義と日本の存在意義をほぼ一体化させていたことの証といえる。以下を参照のこと。John, Forman, Howes. *Japan's Modern Prophet: Uchimura Kanzô, 1861-1930*. Vancouver: UBC Press, 2006, 129.
(6)　神谷美恵子『神谷美恵子コレクション――遍歴』みすず書房、2005 年、16 頁。
(7)　こうした新渡戸の言葉を忠実に守った自身の母について、神谷美恵子は「当時の日本が国際場裡でとらなければならなかった背のびの姿勢であったのだろう」と回想している。同前、18 頁を参照のこと。
(8)　神と祖国の双方への献身の精神はアメリカ出身の宣教師ウィリアム・メレル・ヴォーリズ（William Merrell Vories, 1880-1964）が 1908 年に作詞した同志社の英語校歌（Doshisha College Song）にも盛り込まれている。校歌では「神と祖国のために生きる」という日本人キリスト者の生きかたがうたわれる。同志社大学 "Doshisha College Song" 〈http://www.doshisha.ac.jp/information/fun/c_song/index.html 〉（アクセス 2012 年 3 月 5 日）を参照のこと。
(9)　内村鑑三 "Two J's" 内村鑑三『内村鑑三全集 30』岩波書店、1982 年、53 頁。
(10)　同前、53 頁。
(11)　「基督の為め国の為め（Pro Christo et Patria）」というフレーズは内村鑑三が 1900 年に創刊した個人雑誌『聖書之研究』の雑誌名とともに毎号記されていた。これはスコットランドの物理学者ジョン・カー（John Kerr, 1824-1907）の言葉に由来する。
(12)　こうした新渡戸の信念に通じているのは、経済学者の矢内原忠雄（1893-1961）が論説「国家の理想」（1937 年）で表明した「国家が正義を指定するのではなく、正義が国家を指導すべきである」という信念である。矢内原忠雄「国家の理想」矢内原忠雄『矢内原忠雄全集第 18 巻』岩波書店、1964 年、627 頁を参照のこと。
(13)　井上哲次郎『教育ト宗教ノ衝突』敬業社、1893 年、109 頁。
(14)　同前、114 頁。
(15)　1931 年 9 月 1 日の序文の日付のとおり、同書は満州事変の直前に脱稿していた。
(16)　このような新渡戸の天皇観に関して鶴見俊輔は論説「日本の折衷主義――新渡戸稲造論」（1960 年）で「新渡戸稲造の思想が今日的意味をもつというのは、彼が今日の日本の折衷主義の占めるべき場所を、思想的に先取りしているからである」と述べる。鶴見俊輔「日本の折衷主義――新渡戸稲造論」鶴見俊輔『鶴見俊輔著作集第 3 巻』筑摩書房、1975 年、141 頁を参照のこと。
(17)　ここで想い起されるのは、宗教家の吉川一水（1881-1946）の著書『日々の糧――永遠の恩寵』（1951 年）中の「神と善とが一致するのが善であり神意である」という記述である。吉川は「世のため、人のため、国家のため、国体のための善（世の凡ての善は是である）であつてはならぬ」と戒める。なお、ジャーナリストの早野透（1945-）による連載記事「非戦と清貧信じるままに――神と国家の間」（2010 年 2 月 9 日付）によると、吉川は「新渡戸稲造を慕って東大から京大に移った」新渡戸の教え子の一人である。吉川一水『日々の糧――永遠の恩寵』野口書店、1951 年、162 頁；早野透「非戦と清貧信じるままに――神と国家の間」『朝日新聞』、2010 年

2月9日、朝刊を参照のこと。
(18)　新渡戸稲造「籠城主義とソシアリチーとに就いて」『第一高等学校校友会雑誌』第163号、1907年、16頁。
(19)　同前、16頁。
(20)　同前、16頁。
(21)　中でも、『修養』は百五十版を越える人気を博したという。実業之日本社社史編纂委員会（編）『実業之日本社百年史』実業之日本社、1997年、130頁を参照のこと。
(22)　これら新渡戸の修養シリーズの評価については森上優子「新渡戸稲造研究——その修養論を手がかりとして」お茶の水女子大学博士学位論文、2006年を参照のこと。
(23)　新渡戸は代理大使の埴原正直（1876-1934）を伴って米国第二十七代大統領ウィリアム・ハワード・タフト（William Howard Taft, 1857-1930）とも会見している。
(24)　こうした解釈は新渡戸稲造研究家の佐藤全弘（1931-）氏にご指南いただいた。
(25)　朝河貫一書簡編集委員会（編）『朝河貫一書簡集』早稲田大学出版部、1991年、195頁。
(26)　盛岡市先人記念館「署名簿」。

第3寄港地
『武士道』

「平民道は予て主張した武士道の延長に過ぎない」

1　ブックレビュー

　1891年の元旦に米国フィラデルフィアで新渡戸とメリー・エルキントンのクエーカー同士の結婚式がとり行われた。当時は日本人と米国人の国際カップルはもの珍しかったようで、米国の主要紙『ニューヨーク・タイムズ（*The New York Times*）』もこの結婚を報じている。ただ、当の花嫁の両親には珍しいでは済まされなかった。メリーの両親は二人の結婚に大反対だったのである。(1) 両親は花婿の人となりにではなく、いまだ文明の発展途上にある東洋の非キリスト教国の日本へ愛娘を嫁がせることに不安を隠せなかったのだと思われる。(2) 日本の暮らし・習慣・文化に関する情報量が圧倒的に乏しかった頃の話だから無理もない。

　結婚からおよそ十年後に新渡戸が後に代表作となる『武士道』をアメリカで発表しようとした胸中には、妻の両親をはじめ妻の故郷の人々に日本文化を知ってもらいたい、そして認めてもらいたいという思いもあっただろう。この作品は十九世紀から二十世紀の変わり目に日本人キリスト者の視点から書き下ろされた。そこにみなぎっているのは、武家の生れの士であり、神に仕えるキリスト者であり、時代のニーズに応える明治人であった新渡戸の東西文化融合への願いである。

　武士が政治勢力を獲得した鎌倉時代以降に武士の間で形づくられた武士

道は、武士階級が廃止された明治時代以降も日本の伝統的な道徳として語り継がれてきた。『葉隠』[3]や『五輪書』[4]をはじめ時代ごとに多様な文献が残されている。戦乱の世であれ太平の世であれ、武士道はその時々の人間の精神や行動の規範を反映した道徳である。ゆえに、新渡戸の『武士道』に盛り込まれている人間理解や道徳実践の教えを読み解くにあたっても、このテクストがどのような時代に、どのような立場から示されたのかを押さえなければならない。これは明治期の日本人キリスト者である新渡戸独自のフィルターを通して武士道を解釈したものである。

　新渡戸の『武士道』の書評には賛否両論がある。日本人が海外に向けて発信した貴重な異文化理解の手引書と絶賛される一方で、武士道の歴史的事実にのっとっていないとも酷評される。絶賛に関してはアメリカの批評家ジュリアン・ホーソーン（Julian Hawthorne, 1846-1934）の評論が目に留まる。ちなみに、ジュリアンは小説家ナサニエル・ホーソーン（Nathaniel Hawthorne, 1804-65）の息子である。ジュリアンは異文化理解の案内人としての新渡戸の資質を高く評価し、「西洋の博識者に匹敵するほど多岐にわたる知識に通じているだけでなく、西洋人にはなじみのない東洋の知識にも造詣が深い」[5]と述べる。酷評に関する例を挙げると、太田雄三は新渡戸が武士道の時代考証を入念に行っていない点を手厳しく批判し、「失敗作といわざるをえない相当無理のある著作」[6]と見なす。同じく、倫理学者の菅野覚明（1956-）も戦闘者としての武士の側面を軽んじる近代の武士道論はそのトレンドの先駆けの「新渡戸武士道の呪縛」[7]のもとにあると主張した。

　もちろん、新渡戸の歴史認識の誤りは正されなければならない。けれども、その誤りをあげつらうだけでは彼が『武士道』を著した意図が見えてこない。というのも、この英文著作は武士道についての学術的な論文ではなく、あくまで明治の日本人キリスト者が武士道を捉え直し、海外と日本の両方に差し出した一風変わったエッセイだからである。

　新渡戸の『武士道』の初版は米国のリーズ・アンド・ビドル社（Leeds & Biddle Co. Printers and Publishers）から1900年に刊行された。（同書

の序文が1899年12月に記されているために、初版年を1899年と誤解している人が多い。）この作品の日本語版が出回ったのは、翻訳家の櫻井鴎村（1872-1929）による和訳が日本で刊行された1908年以降である。欧米であらかじめ知名度を得た後に、『武士道』は逆輸入の形で日本に広まったのだった。

　新渡戸がもともと欧米の読者に向けて英語で書き表した『武士道』からは、欧米の列強国の人々、とりわけキリスト教国の人々に日本の品格を認めてもらいたいというなみなみならぬ意気込みが感じられる。彼は武士道から「ハラキリ」や「セップク」しか連想できない人々に日本にはキリスト教精神にも通じる精神が備わっていることを丁寧に説いた。彼の英語の表現力や欧米の文献を熟知する膨大な知識量はその中で存分に活かされている。[8]

　日本文化を知るための必読書として海外で版を重ねるロングセラー、『武士道』の魅力はこれまでずいぶん掘り起こされてきた。けれども、新渡戸が海外の読者だけでなく日本の読者も想定していたことは、読み過ごされてきたように思う。執筆の背後には日本再生への揺るぎないビジョンがあった。1905年に新渡戸は妻メリー・ニトベとともに明治天皇と会見し、英文の『武士道』を献上した。そこに添えられた言葉は、新渡戸が祖国に奉仕するという心意気をもって武士道を海外に紹介したことを裏づける。彼は「庶幾くは、皇祖皇宗の遺訓と、武士道の精神とを外邦に伝へ、以て国恩の萬一に報い奉らんことを」[9]と銘記した。武士道という遺産を受け継ぐ祖国の将来にもしっかりと目を向けていたのだった。

　このように、新渡戸は国外・国内の両方の読み手を念頭に『武士道』を書いた。初版が発表された1900年は日清戦争終結から五年後、日露戦争勃発の四年前にあたる年であり、国家統一と富国強兵を目指す明治国家の転換期にあった。彼は新たな世紀の幕開けのときに伝統を受け継ぎながらも変化を遂げようとする日本が欧米と相互理解を推し進めていくのを願っていた。その第一歩として日本の未来像を語った。日本の人々の新たな人間理解や道徳実践のありようを模索して、伝統的な武士道精神の台木にキ

リスト教精神の接ぎ芽を接木することを提案する。この接木のすすめを読み解けば、未来志向の彼の武士道論がいかに従来の武士道論とは趣を異にするかが明らかになるだろう。

2 執筆の背景

　受け継いだ過去の道徳を未来に活かそうとする新渡戸の『武士道』の趣旨は本の構成自体に表れている。はじめに、「武士道は文字通り武士階級の者が日常生活およびその職業において従うべき道を示す。ひとことでいうと、武士の掟、武士の身分に伴う義務である（『全集』12、24）」との定義が示される。そのうえで、①武士道のみなもと・②武士道の特徴とその精神・③武士道の大衆への影響・④武士道の継承の四項目が論じられる（『全集』12、24）。新渡戸は武士道の歴史（①と②）を振り返るだけでなく、その未来（③と④）を見通す。武士道のロマンをひもとくだけではなく、彼の関心はむしろ武士道の伝統から新たな価値観を創造していくことの方に絞られている。

　そうした武士道論のみなもとは明治期の日本人キリスト者の新渡戸独自の発想にある。その形成には①武士としての幼少体験・②日本国民としての自意識・③クエーカーとしての自己統合の三点が大きく作用している。

　第一に、新渡戸の内には武士道精神がしっかりと息づいていた。盛岡藩で家老を何度も務めた武士の家系に幕末の文久二年に生れた彼は五歳で武士の通過儀礼を迎える。英文随想『幼き日の思い出（*Reminiscences of Childhood in the Early Days of Modern Japan*）』（1934年）で「末息子の私はそのセレモニーで初めて袴を着て盛装し、刀を授けられた（『全集』15、507）」と回想している。大勢の親戚が見守る中、客間の中央で短剣を携えた新渡戸少年は、戦場を表すとされる三百六十一の目からなる碁盤の上に恭しく立った（『全集』15、507）。後に『武士道』で見直される道徳の教えはこのような幼少期の体験と深く結びついている。

　現に、新渡戸は『武士道』の序文で「私が子どもの頃に受けた道徳の教

えは学校教育によるものではない。自分の善悪の概念を構成するさまざまな要素を分析してみてはじめて、武士道が私の道徳観念に息吹を与えていたことに気がついた（『全集』12、7)」と思い返す。そもそも、彼がこのように自らの道徳意識のもとを辿るようになったきっかけは、同著を出版する約十年前にベルギーの経済学者エミール・ルイ・ヴィクトル・ド・ラブレー（Émile Louis Victor de Laveleye, 1822-92）と交わした会話であった。どのようにして日本の公教育は宗教教育を抜きに道徳を教えているのかと、ド・ラブレーは新渡戸に尋ねたのだった（『全集』12、7）。さらに、米国人の妻メリー・ニトベが日々の生活の中でぶつけてくる日本の習慣や文化をめぐる素朴な疑問のあれこれも、新渡戸が武士道を顧みる手がかりになったという（『全集』12、7）。メリーはもちろん、二人の結婚を反対したメリーの両親や友人に日本文化を理解してもらうためにも、まずは新渡戸自らが武士のルーツを掘り下げねばならなかった。いずれにしても、『武士道』は武家に生まれた彼自身の体験を下敷きに書き起こされている。

　第二に、新渡戸は明治維新を境に武士の暮らしから日本国民の暮らしへの転換を迫られた。武士のイニシエーションを受けた翌年、六歳の新渡戸少年は明治維新を迎え、脇差しを皮切りに武士の慣習がことごとく廃止されるのをじかに経験した。「廃刀で腰のあたりが寂しい感じを覚え、意気消沈したものだ。侍であることに誇りを持つよう教えられてきた私にとって、刀こそがその証だったのだ（『全集』15、508)」と前掲の『幼き日の思い出』で激変を語っている。他の武士と同様にこの幼い武士も刀を失い、同時に武士としての自尊心も失ってしまったのだった。

　その後、新渡戸少年は兄とともに洋服着用で鼓手として洋式の軍事訓練に参加した。袴から洋装のユニフォームに着替えたことは、武士の行動規範が日本国民の行動規範に移り変わったことを象徴している。だが、そうした中で新渡戸少年が武士の規範を完全に捨てきれないでいる自分に戸惑いを感じていたのも事実である。既出の『幼き日の思い出』でその困惑を次のように思い出す。

私が癇癪を起しても、黒ずんだ色のコートにはそれを鎮めてくれる力
　は少しもなかった。ヨーロッパ人は物を蹴りやすくするためにズボン
　を着用しているのだと聞かされていた。たしかに、そのズボンは私の
　心の中に住む魔物と共謀して、私の足蹴りの癖を助長した。また、真っ
　赤なチョッキもすぐに委縮する幼い私の心を一度たりとも勇気で満た
　してはくれなかった。私にとって刀は何物にも代えがたかったのであ
　る（『全集』15、513-4）。

　武士の伝統に対する誇りと明治国家の国民としての誇りの二つがせめぎ
合う新渡戸少年の心の内が鮮明に描かれている。
　武士のプライドを喪失した新渡戸少年はその空白をいかにして埋めたの
だろうか。やがて、彼は武士道の未来に目を向けるようになった。次の『武
士道』の結びで武士道がこれまで日本人に与えてきた影響を振り返りなが
ら、その行方を見据える。

　　武士道は独立した倫理体系としては消え失せるかもしれないけれど
　も、私はその力がこの地から滅び去ることはないと信じる。武士道が
　説く武勇や世の中の誉れとなっている武術の流儀はほどなく崩壊する
　かもしれないが、武士道が放つ光と栄光はその荒廃の中でも長く温存
　されるであろう（『全集』12、140-1）。

　武士の気風を受け継ぎつつも明治国家の国民の自覚を新たにした新渡戸
にとって、今後の武士道のありかたを考えることは、今後の自分のありか
たを考えることと重なり合ったはずである。『武士道』の執筆それ自体が明
治を生きる自分自身の道しるべを確認する作業になっていたに違いない。
　第三に、新渡戸はクエーカー信仰を確立することで日本人キリスト者と
しての存在意義を発見した。新渡戸の自己統合のありようを言い当ててい
るのは関西学院の第四代院長コーネリアス・ジョン・ライトホール・ベー
ツ（Cornelius John Lighthall Bates, 1877-1963）である。ベーツは新渡戸

を追悼する文章（"The Passing of Dr. Nitobe"）（1933年）に新渡戸の信仰の実りを次のように書き残している。

 キリスト友会の一員の新渡戸博士はキリスト教の内奥の精神をつかみ、形式にはあまりこだわらなかった。キリスト教的なものとはほど遠いものもある西欧世界の精神の中からでも、最善のものを見抜いて理解し、価値を認めることができた。博士は自らの内に武士道とキリスト教を結びつけ、日本と西洋のそれぞれの価値体系の最良の要素を融合させたのであった。これにまさる信仰のたまものはない。[13]

 ジョン・ベーツは日本人クエーカー新渡戸の自己統合の結晶を武士道道徳に代表される日本の伝統的な価値とキリスト教の価値との融和に見いだしている。
 ただ、その融合は一筋縄ではいかなかった。実際、幕末から明治維新にかけてキリスト教に触れることができた人々の多くは、かつての知識階級でもあった武士の出の人々だった。[14] 新渡戸を含めた武家出身者が武士道をはじめとする日本の伝統的な価値観に西洋のキリスト教を結びつけることは、かなりの難題だったはずである。前述のとおり、新渡戸はキリスト教的な価値観と徹底的に格闘した末に、クエーカーの教えを介して東洋思想と西洋思想は相通じるとの確信を得ることができた。『武士道』は彼がようやく行き着いた新境地の産物の一つであろう。
 新渡戸が到達した境地は、『武士道』の第十版（1905年）に序言をしたためた日本学者ウィリアム・エリオット・グリフィス（William Elliot Griffis, 1843-1928）によって次のように言い表されている。

 この小さな書物はアングロ・サクソンの国々への重要なメッセージ以上のものを秘めている。東西文化の融和という今世紀の最重要問題に対して処方箋を提示し、注目すべき貢献を果たす（『全集』12、19）。

ウィリアム・グリフィスが見抜いているように、新渡戸は『武士道』の執筆を通して東西文化の調和を深い次元で探求していたのだった。

現に、新渡戸の探求の成果は『武士道』の次のような記述にずばり示されている。

> ヨーロッパの文献と照らし合わせて、比較と例証を試みながら武士道のさまざまな徳目を検討してきてわかったのは、その徳目のどれ一つとして日本の独占的な世襲財産ではないことだ（『全集』12、126-7）。

『武士道』を書きおろす過程で、新渡戸は日本文化の中に西洋文化と共通のものを、西洋文化の中に日本文化と共通のものを探り当て、人間のありかたそのものを確かめたのだった。

以上の三点は新渡戸が『武士道』を発表した動機を裏づける。武士の自覚と日本国民の自覚はクエーカー信仰によって結びつけられた。それにより彼は東洋の武士道と西洋のキリスト教の融合をも信じ、東西文化の橋渡しという一筋の仕事にやりがいを見いだしたのだった。この作品では彼が辿ったそうした自己統合のプロセスが明治維新後の国のあるべき姿や人のあるべき姿に重ね合わせられる。よって、新渡戸武士道は武士道を歴史的に考証してみせる武士道論とははなから趣向が異なっている。

とはいえ、『武士道』をめぐる新渡戸の歴史的な認識の甘さは当時からずっと議論の争点になってきた。その先陣を切った一人は、刊行直後から新渡戸の歴史認識を疑問視していた日本史学者の津田左右吉（1873-1961）である。津田は論説「武士道の淵源に就て」（1901年）で新渡戸が徳川時代の武士道にフォーカスしすぎだと指摘する。[15] 津田によると、平安末期から源平時代を起源とする武士道の中心思想は恩恵にあずかれるよう主君に先祖代々仕えることであり、祖先の家名を辱めないよう主君のために身を捨てることである。[16] 実際の戦闘が激減した寛永以後の太平の世も、武士道は儒教の教育によって補強され、「武士道の中心思想に至つては四百年間殆ど何等の變異あるを見ざる」[17] という。

こうしてみると、津田左右吉は武士のありようを丹念に考証したうえで武士道を割り出した。それに対し、新渡戸は明治人の伝統精神を説明するために時代をさかのぼって武士道を持ち出した。そうして、武士の教育が儒教で補われた天下太平の徳川時代に照準を合わせ、忠孝・仁義に代表される儒教的な道徳を重点的に取りあげた。津田が批判するのは、このように後づけで武士道の成り立ちを説く新渡戸の歴史への接近方法である。

ただ、日本の伝統精神を論じるのに一昔前を振り返って武士道を引っ張ってくるのは、新渡戸の『武士道』に限らず、明治期に書き表された近代思想としての武士道論にもっぱら見られる特徴である。国文学者の佐伯真一（1953-）は著書『戦場の精神史——武士道という幻影』（2004年）で明治の武士道論の特徴を検証している。明治武士道論は歴史的根拠をたどるというよりも「幕末から明治にかけて漠然と形成された通念、あるいは明治時代後半の流行に基づいて、歴史的根拠が探索された」[18]結果生まれたものだという。また、佐伯は多面的ではない新渡戸の歴史認識にも言及[19]し、「歴史的根拠の欠如は、近代の『武士道』論全体の問題なのであって、新渡戸稲造個人の問題ではない」[20]と述べる。佐伯は新渡戸の肩を持っているのではない。佐伯が言わんとしていることは、新渡戸武士道は純粋な歴史評論ではなく近代の日本人が継承する伝統精神を明らかにしようとする日本人論[21]に分類されるということである。

皮肉にも、緻密な歴史考証を欠いている点に、『武士道』の著者の企てが明らかになっている。新渡戸は明治以後の日本人の精神を説き起こすのに武士道を引き合いに出したまでであった。彼の関心は武士の道が日本人の精神的なバックボーンであることを示し、そこから人として踏むべき広い道を導くことにあった。

3　接木のすすめ

武士の道を人の道に押し広げていく新渡戸武士道のベースになっているのは、武士道精神にキリスト教精神を接いで新たな精神文化を育んでいく

よう唱える接木の思想である。新渡戸は『武士道』の序文でその思想のもとになっている独自のキリスト教観を表明する。

> 私がほとんど共感を持てないのは、キリスト教の教えそれ自体ではなく、その教えをあいまいにする教会のさまざまな方法や形式である。私はイエス・キリストにより説かれた宗教を信じている。また、新約聖書の中で、そして人々の心に刻まれた律法(22)の中で伝えられてきた宗教を信ずる。さらに、異邦人であろうとユダヤ人であろうと、異教徒であろうとキリスト教徒であろうと、神はすべての民族や国民と「旧約」と呼べる契約を結ばれたと思う（『全集』12、8）。

このうち前半部分には宗教的儀式よりも宗教的経験を重んじる新渡戸のクエーカーの立場が示され、後半部分にはその立場からの「旧約」の解釈が示されている。日本の武士道を紹介する本のはしがきでキリスト教の「旧約」について触れていることからして、『武士道』がオーソドックスな武士道論でないことは歴然としている。

自らの内に神の恵みの働きをたえず感じ取るクエーカー新渡戸の「内なる光」の信仰に裏打ちされた旧約観は、上記の文章の原文を注意深く読むことでさらに明確になる。旧約の英語表記は大文字で the Old Testament と記すのが通例である。だが、通常の旧約と区別して独自の「旧約」の理解を表すために、彼は小文字で "a testament which may be called 'old'" と記している。一般に旧約とは神とイスラエルの民が結んだ契約で、イスラエルの民が神に忠誠を尽くせば神はその民に恵みを与えるという約束である。それに対して、新渡戸の解釈による「旧約」は神が国籍を問わずすべての民と結んだ契約を指す。彼は日本人を含むすべての民族や国民が継承する歴史的な伝統を神から永遠に授けられた恩恵と見なしている。その恩恵のうえにキリスト教を受け入れることでそれぞれの伝統に新たな息吹が注がれると信じる。神は日本人とも「旧約」を交わし、それによって日本人が「新約」としてのキリスト教を受容するための準備が整えられてい

ると確信したのだった。

　本来は神がイスラエルの民とだけ交わした契約をすべての民と交わした契約と見立て、しかもそれを歴史的伝統にも置き換える新渡戸の旧約観は主流派の解釈からは異端視されている。牧師の宮本信之助（1911-）も論説「若き新渡戸稲造の信仰」（1969 年）で次のように異論を唱える。

> しかし、神がイスラエルを選ばれたことから生ずる契約関係が歴史の中に現存する。キリストにおいて「新約」化されることにおいてのみ「旧約」であり、神の契約は新約の内容を基礎とする限り、「旧新約聖書」を統一的に扱わざるを得ない性質のものである。この意味から「旧約」を他のすべての民族の歴史的伝統と同一視することは許されないと考える。[23]

　さらに、宮本信之助は新渡戸のキリスト教信仰そのものについても「聖書の中心内容とは別のものが同価値をもって中心を占めているか、あるいは共存したり、代わり得るものが内実となっている」[24]と言い切ってしまう。最終的に、「絶対他者自身（神）を中心とするとは言い得ない性質のもの」[25]と結論づける。

　たしかに、異色の新渡戸の旧約観が神学の解釈で物議を醸すのは仕方がない。しかし、彼のキリスト教観が正統からかけ離れていることだけに気をとられていると、彼の信仰の核心を捉え損なう。ここで、彼の信仰の独自性をあらためて思い返してみたい。正統派と見なされるキリスト教理解を手放すことで、彼はクエーカー信仰に到達したのだった。先ほどの宮本信之助の言葉を借りて説明すれば、新渡戸は神学解釈の正しさを問わず、それとは「別のもの」である「絶対他者自身（神）」と自己との直接の関係の中で自らの行いの正しさを問う。新渡戸はその関係を日本人と神との直接の契約関係にも広げたのだった。

　ところで、新渡戸に先駆けて日本の「旧約」について述べたのは牧師の小崎弘道（1856-1938）である。小崎は論説「政教新論」（1886 年）で「儒

教が基督教に至るの準備を為し、之が為には小学の楷梯と為り其趣意目的始めて基督教にて全ふせらるゝ」と強調する。たとえば、君主や家父の権威に従う儒教の教えはイエス・キリストの権威を受け入れる土台になりうるという。日本で引き継がれてきた儒教は日本人がキリスト教を受容するための一つの「旧約」だと認めている。

　小崎弘道も日本の精神的な伝統と向き合いながらキリスト教を受け入れた一人である。ただし、小崎と新渡戸の日本の「旧約」の把握には決定的な違いがある。それは日本の精神的伝統に初めから神の恩恵が注がれていると見るかどうかの違いである。小崎は日本の歴史的伝統とキリスト教との共通項を示して日本での円滑なキリスト教導入の可能性を示すにとどまっていて、その伝統が神からのはからいかどうかには触れていない。一方、新渡戸は日本の歴史的伝統をもとより神から与えられたたまものと受け止め、それがキリスト教との結び目になると考えている。

　それにしても、なぜ新渡戸は『武士道』のまえがきで「旧約」に関する見解を披露したのだろうか。それは彼がクエーカー信仰を通して成し遂げた自己統合の過程を日本がキリスト教を通して成し遂げるべき精神文化の統合の過程に重ね合わせていたからである。封建的・東洋的価値観に近代的・キリスト教的価値観を接いで新たな価値観を築きあげた彼自身の道筋は、武士道にキリスト教を接いで新たな価値観を築いていく日本の道筋へと押し広げられる。

　新渡戸が『武士道』で強調するのは、武士道という日本の旧来の遺産にキリスト教を接合することによって日本の精神が今までにない新鮮な活力をたたえることであった。ただし、この接木の思想は同著の中で特別に章や節を設けて大々的に繰り広げられているわけではない。それは先ほどの序文も含め本の全体を解きほぐしてようやく浮き彫りになってくる。次の記述も接木から再生への志向がほのめかされている箇所である。

　　日本における過去半世紀の出来事を見てもわかるように、城や武具が
　　破壊されたのと同様に、封建時代の旧い日本の道徳体系は壊されてち

りとなるだろう。そして、そこから新たな倫理体系が不死鳥のように復活し、新しい日本を進歩に導くだろう。こうした預言が成就することは望ましいし、可能性は十分あるが、同時に不死鳥は自分自身の灰からのみ復活を遂げることを忘れてはならない。不死鳥は渡り鳥ではないし、他の鳥から借りた翼で飛ぶ鳥でもない。「神の国はあなたがたの間にあるのだ。」と聖書が示すとおりである（『全集』12、139）。

　新渡戸が引用する聖書の一句は、接木の思想を読み解くための最大のヒントになる。日本の人々が武士道の伝統に注がれている神の恵みを活かしていくことで「自分自身の灰からのみ復活を遂げる」道が開かれるという新渡戸の信念を暗示している。

　したがって、新渡戸は従来の日本の価値観をいったん取り壊して西洋からの借り物の価値観をそっくり移してくるのを望んではいない。日本固有の土壌から人類すべてに通用する価値を掘り起こし、そこにキリスト教を接いで新たな価値観を根づかせることを願う。このような構想を分析して、武田清子は前掲の「キリスト教受容の方法とその課題」で新渡戸のキリスト教受容のタイプを「接木型」と分類する。武田の分類どおり、日本の新たな時代を開拓するための新渡戸のアプローチは、移植ではなく接木であった。

　こうした新渡戸の着想に関して注目したいのは『随想録』中の英文論考「日本の西洋化の特徴（"Character of the Occidentalization of Japan"）」である。彼は「接木の穂木と台木は同種の組み合わせでなければならない（『全集』12、462）」と主張する。台木に品種の違う穂木を接ぐのが接木の基本的な方法である。まったく違う品種同士だと根づきにくく、うまく根づかせるためには同類の品種を組み合わせる必要がある。この一文が遠まわしに伝えているのは、武士道という台木とキリスト教という穂木はしっかり根づくことが見込まれる近縁種に属しているという判断である。接木の提言は武士道の弱さをキリスト教で強めるためになされたわけではない。彼にとっては武士道とキリスト教の間に優劣はない。彼は日本の伝統

精神の中に欧米のキリスト教精神にも通じる普遍的な価値を発見していたのである。

　キリスト教を接いで日本の精神文化に活力を吹き込むべきという日本の人々への提唱の裏を返せば、日本の精神的遺産はキリスト教に接がれるにふさわしい価値を備えているという欧米のキリスト教国の人々へのアピールになる。以下の図3「新渡戸武士道の二重の役割」に示したように、『武士道』を貫く接木の思想は日本だけでなく欧米にも向けられている。日本と欧米の両方に向かう接木の思想のベクトルは、武士道とキリスト教は根底で相通じる価値を共有するという新渡戸の考えを裏づける。

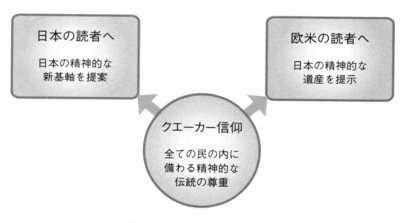

図3　新渡戸武士道の二重の役割

　さらに付け加えると、たとえば講演「愛國心と國際心」(1930年)での「國際協調は愛國心の延長」や既出の著書『人生雑感』での「修養より宗教へ（『全集』10、89）」など、接木から再生への志向は新渡戸の発言の至るところに発見できる。それぞれ、愛国の心に国際協調の心を接いで国際化の時代に対応していくこと、修養に宗教を接いで行き詰った時代を打開することが説かれている。すでにあるものを活かしながらこれまでにないものを足して新しい価値観を作りあげようとする接木のアプローチは彼の発想の持ち味の一つだろう。

4 日本人への提言

　当然ながら、明治維新を迎えたからといって人間のありかたが一新したわけではなかった。新生日本で新渡戸がもっとも懸念していたのは、いまだに自分や相手の人格の価値をないがしろにする人が多いことであった。既に見た彼の説明では、人格の価値が低く見積もられてきたのは、東洋の諸宗教ではイエス・キリストのような絶対的な人格を信仰の対象にしないからである。武士道にキリスト教を接木するという構想は、時代のうねりの中にある祖国日本の精神的な支柱を何に求めればよいかを考えつづける中で生み出された。彼が『武士道』で日本の人々に訴えかけたかったのは、人格を尊重するキリスト教の人間理解や道徳実践を武士道に接木し、精神の「維新」を遂げることだった。

　繰り返せば、そのような訴えには幕末に生まれて明治国家の成立過程とともに自己を形成していった新渡戸自身の自己統合のプロセスが多分に重ね合わせられている。青年時代に出会ったキリスト教によって、武家出身の彼の思想や感情は大きく揺さぶられた。あらゆる人に神聖なる人格が宿されているというクエーカーの教えを得て、彼は人の尊厳の重さを悟った。自分と同じように日本の人々も人格に重きを置くキリスト教的な人間理解や道徳実践を迎え入れることによって精神の近代化を打ち立てられる(32)と信じたのだった。以下、人間理解の変容・道徳実践の変容の二点が『武士道』でどのように提案されているかを確認していきたい。

　第一に、新渡戸は武士道に人格尊重のキリスト教の人間理解を接

いで武士道をすべての人が指針にすべき「平民道」に拡張するよう説いた。[33]
それは時代のニーズでもあった。彼は明治維新後の民主主義の勢いを『武士道』で次のように強調する。

　抗うことのできない勝ち誇った民主主義の潮は、武士道の残骸をただ飲み込んでしまうほどに強力である。武士道のいかなる形式や独占形態をも許容しない。そもそも武士道は知性や教養といった社会の資本を独占的に所有する侍という一階級によって組織されたもので、身分や道徳的価値を固定する一種のトラストであった（『全集』12、136）。

　そのうえで、新渡戸は「武士道の裾野を拡大し、世の中のすべての階層と関係において応用していくことが未来に求められる（『全集』12、139）」と明言している。民主主義の潮流の中で武士道はもはや武士という身分に制約できず人としての本分に広げられるべきだと主張した。
　新渡戸は封建的な社会から民主的な社会への橋渡しに不可欠な人間理解を『武士道』で次のように言い表している。

　今日武士という職業よりもいっそう高貴で幅広い職業が求められている。人生観の伸張・民主主義の発展・他民族や他国民についての知識の増大に伴って孔子の仁の思想は（仏教の慈悲の思想も加えてよかろう）キリスト教の愛の思想に拡大されて、組み込まれていくに違いない。なぜなら、人はすでに臣民以上の存在であり市民と呼べるまでに成長しているからである。いや、人は市民以上の人間という存在である（『全集』12、137）。

　新渡戸は社会的身分といった人間の外側のよろいではなくその内側にある尊厳に目を開く。そうした人間理解のもとで武士道は積極的に読み替えられ、人の道、つまり人として大切にされるべき思想へと深められている。
　新渡戸は『武士道』出版直後に発表した『随想録』中の英文所感「民道

("Plebeianism")」でも武士のみに限定されない人としての思想を次のように語る。

> 士道は一般大衆をターゲットとする民道に変容されねばならない。教育の普及とともに、社会の中で後退する武士階級に代わり、庶民というよりもむしろ平和の民という意味での平民が社会で先頭に立つだろう（『全集』12、208）。

　新渡戸は武士という戦闘者ではなく平民という「平和の民」が率先して切り開いていく新しい時代を見通している。
　ついに、新渡戸の接木の思想の芽は「平民道」という実を結んだ。後に、彼は論説「平民道」(1919年)を発表し、日本の人々が守るべき道をさらに詳しく唱える。明治末期から盛んに議論された国民道徳の中でも、「平民道」の道徳は徹底して個人の人格の価値を重んじている。
　新渡戸は前掲の論説で重要な証言を行っていた。実は、「平民道」の構想は『武士道』を執筆した当初から念頭にあったというのである（『全集』4、541）。その意味で「僕の所謂平民道は予て主張した武士道の延長に過ぎない（『全集』4、539）」と力を込める。「平民道」というネーミング自体が物語るように、平民の時代に求められる精神は、武士道と決別してではなく、あくまで武士道が培ってきたものの延長線上に提示されている。
　新渡戸は民主主義の時代を根底から支えていく「平民道」の行方を見据えていた。既出の論説「平民道」で「一般人民の腹の中に平民道の大本を養つて其出現が政治上に及ぶと云ふのこそ順序であらう（『全集』4、543-4）」と述べる。要するに、新渡戸は民主主義のシステムの実現よりも人々の内に人格尊重の精神を培うことが先決だと考えていたのだった。
　第二に、新渡戸は武士の徳目にキリスト教の良心を接いで武士道をすべての人が守るべき道徳に押し広げるよう説いた。『武士道』では奉仕を例に武士道道徳がキリスト教道徳に及ばない点が次のように指摘されている。

女性は夫のために身を捨て、夫は主君のために身を捨て、主君は天のために身を捨てるといった具合に、武士道の奉仕の階段を辿ることができる。だが、このような武士道の奉仕の教えには問題点がある。それこそが武士道道徳に対してキリスト教道徳が優れている点である。キリスト教道徳の秀でたるところとは、創造主である神に直接責任を果たすよう一人一人の生きた魂に要求することだ[35]。ただし、自らを犠牲にしてでもより崇高な義に仕えるという奉仕の教えの究極は、イエス・キリストが説いた教えであり、イエスが身をもって示した犠牲の使命についての神聖なる教えである。したがって、武士道の奉仕の精神を突き詰めれば、たしかにキリスト教の永遠の真理に連なっている（『全集』12、113）。

　ここで二つのことに着目したい。一つは新渡戸が武士道道徳の弱点の核心部分に切り込んでいることである。キリスト教の奉仕が個人の良心に基づいた行動であるのに対し、武士道の奉仕はしょせん主従関係や大義名分に基づいた奉公で個人の主体性が反映されにくい行動だという[36]。新渡戸は主君の前だけでなく神の前で正しさを問う心を養い武士道を人の道に成熟させていかなければならないと考えている。

　もう一つは新渡戸が武士道の弱点を伸びしろとも捉えていることである。個人の自主性に基づいた行ないという点では武士道の道徳がキリスト教の道徳にかなわないことを認めながらも、彼はすかさず両者の共通項に触れる。武士道の主君への奉公とキリスト教の神への奉仕の根底には自分より大きな存在のために犠牲をはらう精神が共通して流れていると強調する。武士道がキリスト教に相通じる精神を持ち合せているということは、武士道には人として踏みおこなう道に発展する可能性があるというのだ。

　このように、新渡戸は「平民道」の時代にふさわしい道徳実践を唱えた。『武士道』について自ら語った手記「乃木大将の殉死を評す」（1912年）の次の一節からも、身分に関わらず神の前で自らを正し責任を果たす道徳を見定めていたことがうかがえる。

アレは只西洋人に向つて、日本にも道徳がありまずぞ、武士道といふこういふ一種の道徳がありますぞといふ事を知らする為めに書いた本で、引例なども余り適当ではないものがあり、又間違つて居るものがあるかも知れぬ。詰り私は武士道といふものを斯う考へて居る。アレは世界的のものでない。一国の道徳である、而して一国に於ても其精神は各階級に通じて違はぬにしても、形式は時代を限つて、又階級を限つて行はれたもので、道といつても場所と時とに限りがあるものと思つて居る（『全集』4、452）。

『武士道』で用いた引用文献が歴史に忠実でないことを新渡戸が白状しているこの箇所はもちろん問題発言ではある。しかし、「一国の道徳」にすぎない武士道道徳の限界を率直に示している点は十分に考慮されるべきだろう。武士道は主従関係を前提とする限定された社会集団では人々の結束を固め、モラルを高める。だが同時に、それは閉ざされた集団でもあり、そこでは人々の行動基準が主君の権力と威信を守ることに縛られ、受け身となる。上記はそうしたことを見抜いていた新渡戸の飾り気のない発言でもある。

　おうおうにして、武士道は個人の自主性を吸い取り、人々を限られた集団内の行動規範に封じ込めてしまう。新渡戸がその先に見通していたのは、個人が良心にのっとって自発的に実践する道徳である。主君という人間の外側の権威ではなく各自の内側にある権威に目を向けて良心を養おうと呼びかけたのだった。

5　東西文化の架け橋

　新渡戸の『武士道』は接木の発想によって日本固有の武士道を人類普遍の人道に連結させようと唱える。彼はこの著作に精一杯の力を込め、[37]十九世紀と二十世紀との間に、日本と欧米との間に橋を架けようとしたのだっ

た。その思いに応えるように、同書は2014年現在も世界十七カ国語に翻訳されて広く読み継がれている。

　ただし、筆者は新渡戸の接木の思想の盲点については問題提起をしておきたい。太平洋戦争以前から現在に至ってもなお、偏った武勇精神や民族精神のイメージと結びつけて、新渡戸の『武士道』をひとりよがりに解釈する心ない読者がいるのが気になる。新渡戸の手を離れたところで、日本の軍事力の強化をあおったり、日本民族の優越性を賛美したりするのにこの本が持ち出されることがある。それというのも、武士道を日本の精神的な遺産と認めるところから出発する彼の接木のアプローチには武士道精神を批判する目を鈍らせる隙が潜んでいるからではないだろうか。軽薄な読み手はこの隙に付け入り、既存の価値観のうえにあぐらをかき、理想的な一つの型として武士道精神を必要以上に美化したり信奉したりする。もちろん、自らの思わくによって本の趣旨をすり替えるのは本人の読み方の問題であるから、ここではこれ以上この問題を掘り下げはしない。ただ、従来の価値観に新たな価値観を円満に結びつけようとする接木式にはさまざまな解釈をさしはさむ余地があることに注意を払いたかったまでである。

　しかしながら、書き手の新渡戸自身はその接木という手法によって従来の人間観や道徳観に安住することなく、それらを拡大・変容させていく必要性をしっかりと説いている。武士道から「平民道」へ、すなわち自己の外側の権威をよりどころとする人間理解・道徳実践から自己の内側の権威をよりどころとする人間理解・道徳実践への道筋を切り開いた。自己の内面に徹底的に向き合う中で育まれた彼の接木の思想にはもろさもあいまいさも感じられない。先ほどこの一冊を力作と呼んだのも、日本の人々の新たな精神文化を築いていこうとする前向きな願いにあふれているからである。死への覚悟を強調する多くの武士道論に対して、新渡戸武士道はいかにこれからを生き抜くかという生の覚悟を強調する。そこには人の尊厳を守りながら道を開いていくヒントがある。

　そうした接木の思想は日本と欧米の双方に同時に向けられていた。当時もっぱら日本に向けて海外思想を紹介した日本人や、反対にもっぱら欧米

に向けて日本思想を紹介した日本人はいくらでもいる。その中で、東西の両文化の視点からものを考え、日本と欧米の双方に同時に発信した新渡戸は際立つ存在である。日本の人々の価値観だけでなく、欧米の人々の価値観にも新風を吹き込もうとしていたに違いない。

　新渡戸の『武士道』が担う二本立ての役割をめぐって、かたや外に向かっては日本を褒め、かたや内に向かっては外国を褒めるという皮肉はいくらでも言える。けれども、そうした皮肉が出るのはこの本に裏書きされているクエーカーの信念を丁寧に読み取っていないからではないだろうか。すべての民族や国民に備わる価値を認め、東西文化の融和を願うからこそ、彼は日本と欧米の両方の人々に合わせて働きかけたのだった。人間の相互の学びあいを推し進める太平洋の架け橋としての使命感はまさにこの著作に集約されている。

　『武士道』は近代の日本人キリスト者、新渡戸が抱えた課題に対して彼自身が出した解答の書である。彼は封建的な時代から民主的な時代への転換期に人の内なる尊厳や良心を核とする精神文化の再構築を先導しようとした。人類の調和へのビジョンに照らされたこの書物は、時代を超え、文化を超えて数ある武士道文献の中でも異彩を放っている。次章ではこの本の出版の翌年から彼が従事することになった植民事業でもこうしたビジョンが大いに語られた点に注目していく。

[注]

(1)　*The New York Times*. "A Quaker-Japanese Union: Miss Elkinton Marries Mr. Nitobe in Spite of Opposition." 2 Jan. 1891.
(2)　白人のメリーと非白人の新渡戸との結婚が社会的に受け入れられなかったことは、外国人男性と結婚した女性の国籍を自動的にはく奪する当時の米国の法律からも明らかである。(その後1922年に成立したケーブル法は、該当する外国人をより明確にして、帰化不能外国人と定義した。)
(3)　山本常朝・田代陣基(著)神子侃(編訳)『新篇葉隠』たちばな出版、2003年を参照のこと。
(4)　宮本武蔵『五輪書』岩波書店、1985年を参照のこと。

(5) Ki, Kimura (Compiled and Ed.) and Philip, Boas, Yampolsky (Translated and Adapted). *Japanese Literature: Manners and Customs in the Meiji-Taisho Era——Centenary Cultural Council Series, a History of Japanese-American Cultural Relations (1853-1926) Vol. 2. Literature Manners and Customs*. Tokyo: Ōbunsha, 1957, 60.
(6) 太田雄三『〈太平洋の橋〉としての新渡戸稲造』みすず書房、1986年、54頁。
(7) 菅野覚明『武士道に学ぶ』財団法人日本武道館、2006年、45頁。
(8) 『英文武士道』の第八版の巻末には海外の雑誌・新聞・機関紙に掲載された新渡戸の英文著作『武士道――日本の精神（*Bushido: The Soul of Japan*）』（1900年）をめぐる二十四点の書評が収録されている。彼の英語力や知識はおおむね高く評価された。新渡戸稲造『英文武士道』裳華房、1904年を参照のこと。
(9) 新渡戸稲造（著）・櫻井鴎村（訳）『武士道』（丁未出版社蔵版）丁未出版社、1908年、5頁。
(10) 日本で初めてキリスト教と武士道の接合について論じたのは新渡戸ではなく牧師の植村正久（1858-1925）である。植村は前掲の新渡戸の『武士道』に先駆けること十二年の1888年に機関誌『福音新報』に論説「基督教と武士道」を発表し、「吾輩が欲する所の者は洗礼を受けたる武士道なり」と述べた。植村正久「基督教と武士道」内村鑑三『日本現代文学全集14・内村鑑三集附キリスト教文学』講談社、1964年、304頁を参照のこと。
(11) 当時の盛岡藩では武士の階層は上士・中士・下士に分かれており、家禄二百の新渡戸家は中士に属した。石上玄一郎『太平洋の橋――新渡戸稲造伝』講談社、1968年、21頁を参照のこと。
(12) 新渡戸よりも一世代先を生きた思想家の福沢諭吉（1835-1901）は、著書『文明論之概略』（1875年）で激動の時代をくぐった自らの生を「一身にして二生を経る」と言い表した。福沢諭吉『文明論之概略』岩波書店、1995年、12頁を参照のこと。
(13) Lighthall, Cornelius, John, Bates. "The Passing of Dr. Nitobe." *The Osaka Mainichi & The Tokyo Nichi Nichi*. 22 Oct. 1933.
(14) この点については守部喜雅『聖書を読んだサムライたち――もうひとつの幕末維新史』いのちのことば社フォレストブックス、2010年を参照のこと。
(15) 津田左右吉「武士道の淵源に就て」重野安繹（編）『明治文學全集78・明治史論集2』筑摩書房、1976年、317頁。
(16) 同前、318頁。
(17) 傍点原文、同前、317頁。
(18) 佐伯真一『戦場の精神史――武士道という幻影』日本放送出版協会、2004年、259頁。
(19) 多面的な武士の解釈の必要性を強調するのは民俗学者の柳田國男（1875-1962）である。柳田は論説「罪の文化と恥の文化」（1950年）で単に「武士」とひとくくりにできない多様な武士のありかたを民俗学の観点から示す。「士族の生活には幾つもの特色があつた。国民のすべてをして是に依らしめることは、第一に不可能であり又その必要は無く、又往々にして有害でもあつた」と見る。新渡戸を含めた日本文化紹介者が心得るべき貴重な視点が示されている。柳田國男「罪の文化と恥の文化」柳田國男『定本柳田國男集第30巻』筑摩書房、1970年、110頁を参照のこと。
(20) 佐伯真一『戦場の精神史――武士道という幻影』日本放送出版協会、2004年、

260 頁。
(21) 文化人類学者の船曳建夫（1948-）も既出の新渡戸の『武士道』を日本人論の一つと見なす。船曳のいう日本人論は、「近代という文明の中で日本が持つことになった歴史的特殊性を、意識的であれ半意識的であれ、大きな問題と感じた書き手によって書かれ、大きな問題と感じた読み手によって読まれる論」を指す。船曳建夫『「日本人論」再考』講談社、2010 年、288 頁。
(22) 旧約聖書「エレミヤ書」第 31 章第 33 節を参照のこと。
(23) 宮本信之助「若き新渡戸稲造の信仰」東京女子大学新渡戸稲造研究会（編）『新渡戸稲造研究』春秋社、1969 年、30 頁。
(24) 同前、30 頁。
(25) 同前、30 頁。
(26) 小崎弘道「政教新論」小崎弘道『小崎弘道全集第 3 巻』日本図書センター、2000 年、360 頁。
(27) 同前、362-3 頁。
(28) 新渡戸と同様に内村鑑三も雑誌『聖書之研究』（186 号）の英文手記「武士道と基督教（"Bushido and Christianity"）」（1916 年）で日本の「旧約」や接木について触れている。前者については「日本国の歴史に深い世界的の意義があつた」として、「神は二千年の長きに渉り世界目下の状態に応ぜんがために日本国に於て武士道を完成し給ひつゝあつたのである」と説く。後者については「武士道の台木に基督教を接いだ物、其物は世界最善の産物であつて、之に日本国のみならず全世界を救ふの能力がある」と強調する。武士道は神が日本に備えた「旧約」であると見て、キリスト教を接木した武士道をもって人類に奉仕することが神の意に応える道だと理解している。内村鑑三 "Bushido and Christianity" 内村鑑三『内村鑑三全集 22』岩波書店、1982 年、161-2 頁を参照のこと。
(29) 新約聖書「ルカによる福音書」第 17 章第 21 節を参照のこと。
(30) 武田清子「キリスト教受容の方法とその課題——新渡戸稲造の思想をめぐって」武田清子（編）『思想史の方法と対象——日本と西欧』創文社、1961 年、282 頁。
(31) 傍点原文、新渡戸稲造「愛國心と國際心」『恒平』第 4 号、1931 年、81 頁。なお、関西学院学院史編纂室所蔵のこの文献は 1930 年 6 月 24 日に国際連盟協会関西学院学生支部が主催した新渡戸の講演の筆記録で、新渡戸稲造研究でほとんど用いられてこなかった貴重なものである。
(32) 新渡戸は英文著作『日本人の特性と外来の影響（*Japanese Traits and Foreign Influences*）』（1929 年）で人々の内発的な変化を「変質（transmutation）」と呼び、通商やコミュニケーションに関わる「変移（transportation）」や社会の規範や政策に関わる「変形（transformation）」などの外発的な変化と区別している（『全集』14、452）。
(33) 思想史家の武田清子（1917-）は論説「新渡戸稲造と平民道の形成」（1965 年）で新渡戸を「日本に本当の意味での平民道（精神的デモクラシー）を形成しようとした人物だった（傍点原文）」と位置づけ、彼の「平民道」の思想を高く評価する。武田によると、新渡戸は「大正デモクラシー・ヒューマニズムへの思想的準備をした重要な思想家であり、また、戦後の民主主義の内発的要因を日本人の精神的土壌のふところ深くに用意した教育者であった」。武田清子「新渡戸稲造と平民道の形成」『中央公論』4 月号、1965 年、409 頁を参照のこと。

(34) これに関して哲学者の和辻哲郎 (1889-1960) は著書『日本倫理思想史下巻』(1952年) で明治末期の国民道徳論を「明治時代にとつて極めて不名誉なことであつた」と評価する。それは国民道徳を論じる以前に「『国民』についての研究が甚だ粗漏であつた」ためである。和辻哲郎『日本倫理思想史下巻』岩波書店、1952年、787頁を参照のこと。
(35) 同様の理由により新渡戸は『武士道』で義理という徳目もキリスト教の愛の教えには及ばないと認めている (『全集』12、38)。
(36) 小説家の夏目漱石 (1867-1916) は個人の良心よりもむしろ社会的規範に縛られる道徳を「ロマンチックの道徳」や「浪漫的道徳」と呼んでいる。三好行雄 (編)『漱石文明論集』岩波書店、1986年、89頁を参照のこと。
(37) 新渡戸武士道は小説家の大江健三郎 (1935-) がノーベル文学賞受賞記念講演「あいまいな日本の私」(1994年) の次の一節で「労作」と表現したものにも通じる。「国家が近代化をめざして荒あらしく進んだ仕方とはことなりながら、しかしそれと複雑に響きあう仕方で、日本の知識人たちは、西欧とかれらの島国とを、深みにおいてつなごうとしました。それは苦しい労作(トラヴァーユ)でしたが、喜びにみちたものでもあったはず」。大江健三郎『あいまいな日本の私』岩波書店、1995年、13頁を参照のこと。
(38) この点については武田清子も著書『土着と背教』(1967年) で「自らのあるがままで受け入れられる寛容」を感じさせる新渡戸の思想はときにその読み手に「価値の変革を迫られるきびしさ」を与えないと指摘する。武田清子『土着と背教』新教出版社、1967年、57頁を参照のこと。

第 4 寄港地
植民政策

「諸君は宜しくヴィジョンを見なければならない」

1 植民政策学の先駆者

　第一高等学校での新渡戸の教え子の一人、小説家の芥川龍之介（1892-1927）は 1916 年に雑誌『中央公論』で短編小説「手巾」を発表した。作品の主人公の長谷川謹造はある高等学校の校長を兼ねながら東京帝国大学で植民政策を教えている。芥川自身が明らかにしているように、長谷川謹造のモデルは新渡戸稲造である。現に、新渡戸は 1906 年から 1913 年まで第一高等学校の校長を務め、1909 年からは東京帝国大学法科大学の教授を兼任して植民政策の講義を担当していた。（芥川の一高の在学期間は 1910 年から 1913 年までで、一年生当時は新渡戸の倫理の講義を週一時間受講していた。）実は、新渡戸は日本の植民政策学のパイオニアなのである。

　新渡戸は 1901 年に台湾総督府技師に就任し、台湾の製糖業の活性化を司る政策プランナーとして植民事業に関わるようになった。同年にさっそく台湾総督府に「糖業改良意見書」を提出した。この意見書が打ち立てた台湾の製糖政策は成果を挙げ、砂糖の生産は順調に伸びていった。そうした実務経験が評価されたこともあって、1903 年から京都帝国大学法科大学で植民論の講義を開始し、後に東京帝国大学法科大学に転じたというわけである。

　このような植民事業従事者としての新渡戸の横顔は、第二章で検討した

国際連盟事務局次長としての新渡戸像や、前章で吟味した『武士道』の著者としての新渡戸像とは相容れないように思われる。国際協調や東西文化の融合の必要性を訴えた人が他国の支配や侵略をはらむ植民事業に携わった人と同一人物だとはにわかに信じがたい。だが、それは紛れもない事実である。植民事業従事者の新渡戸をどう理解するかという命題は、彼の生涯にわたる思想や活動の全容を考えていくうえで避けて通ることができない。

　こうした命題をめぐって新渡戸の評価は両極端に分かれている。一方は新渡戸が植民地支配に加担したという非難であり、争点は植民事業の根幹にある植民国と植民地の間の支配・従属関係である。もう一方は彼が原住民の人格を敬ったという擁護であり、争点は人道的な植民政策である。キリスト者で農学者の飯沼二郎（1918-2005）と同じくキリスト者の佐藤全弘が交わした1981年の『毎日新聞』紙上での論争は、二分する新渡戸評価の最たる例といえる。前者の非難の立場を代表するのが飯沼であり、後者の擁護の立場を代表するのが佐藤である。飯沼は「生粋の帝国主義者[3]」の新渡戸は諸民族の独立を無視して植民地支配を推し進めたと主張した。反対に、佐藤は新渡戸の植民思想はあくまで人道主義に基づいていたと主張した[4]。

　ただ、非難または擁護のどちらか一方の議論をなぞるだけでは、新渡戸の植民思想を把握するには不十分だろう。一見したところ争点は違っているようだが、いずれの立場も各国が領土や勢力圏を拡大しようとする当時の世界的な動きを前提に新渡戸の見解の是非を問うているにすぎない。むしろ飯沼二郎と佐藤全弘の論争から考えるべきなのは、新渡戸が帝国主義者と人道主義者のどちらにも見えるのはなぜかという点である。この二面性に切り込むことで新渡戸が文明や世界をどう捉えていたかが浮上し、さらにどちらの面もクエーカー信仰に根ざした発想が下敷きになっているのが明らかになってくる。

　新渡戸の植民政策論の最大の特徴はその基本構想と理想がどちらも信仰を媒介に根底でつながっている点である。ということは、植民事業従事者

としての新渡戸像は各章で見てきた日本人キリスト者としての新渡戸像からはけっしてずれていない。彼の植民思想の核心を見極める鍵は、信仰をバックボーンとする文明観や世界観を解明することにあるだろう。

2 植民関連の経歴

新渡戸と植民事業との関わりを決定づけたものとして、①開拓事業を目の当たりにした幼少体験・②新開地の北海道での学生生活・③新大陸アメリカへの留学の三点を挙げることができる。まずは、彼の植民思想のルーツとなった開拓精神の芽吹きの体験をもとに、植民事業に関連する職歴を振り返っておきたい。

第一に、新渡戸家は二代にわたり開拓事業に従事している。共に盛岡藩の勘定奉行だった稲造の祖父の伝と父の十次郎は、藩領内の十和田湖の疎水工事に着手して農業用水を完成させ、三本木原野を開拓した。稲之助という稲造の幼名はこの新しい開拓地から初めて実った稲にちなんでつけられたという。この名には祖父と父とが励んだ開拓事業の困難さと尊さが込められている。

実際、こうした境遇は新渡戸の進路決定に多大な影響を及ぼした。著書『農業本論』(1898 年) の序文に次のような回想がある。

　　回顧すれば、余が始めて農学に志したるは、実に明治九年にして十四歳の春なり。当時東京に遊学し大学予備門にありしも、尚ほ未だ専門学の何物たるかを弁知する能はざる一青衿なりき。偶々今上東北を御巡幸あらせられ、旧南部領三本木駅に御駐輦の折から、辱けなくも伯兄の家を仮りの行在所に充てさせられ、爾時恐れ多くも先考の存生せし日に、祖父の業を継ぎて疎水の功に尽力し、荒蕪の地を拓きし事ありしを御追賞せられ、異数の寵賜を辱ふせしのみならず、子弟負荷の任に力むべき趣の御聖旨をも給はりしかば、挙家感泣の余り、われら三人の兄弟も、祖父の遺志を継ぎ皇恩の隆渥なるに報ひんとて、始め

て各自の志を立つることゝなりたり（『全集』2、9）。

　1876年の東北巡幸の際に新渡戸家に立ち寄った明治天皇は伝と十次郎の開拓の功績を称えた。稲造は新渡戸家の家伝とでもいえる開拓事業を引き継ぎ、自らも祖国に奉仕しようと農学を志したのだった。
　第二に、新渡戸は東京英語学校を前身とする東京大学予備門から東京大学に進む通常のレールにのらず、北海道の開拓者を育成するために設立された札幌農学校を選んだ。新しい大地を切り開くという希望に燃えながら、北海道で人格形成期を過ごす。卒業にあたって開拓事業（opening up）と甜菜糖栽培（sugar beets）の二つを将来の抱負に挙げた。その後植民地台湾の製糖業の開発に関わり、くしくもそれら両方を実現したことになる。札幌農学校は彼のキャリアを方向づけた知的開拓や精神的開拓の場となった。
　第三に、新渡戸は札幌農学校卒業後に新大陸アメリカのボルチモアに留学し、そこで学問に精を出すと同時に信仰を確立した。元来、札幌農学校設立を含む北海道の開拓は、北海道開拓使長官の黒田清隆（1840-1900）の発案で米国の開拓技術や精神に倣って進められていた。新渡戸の英文著作『札幌農学校（*The Imperial Agricultural College of Sapporo, Japan*）』（1893年）によると、黒田は1870年にアメリカに渡って進んだ植民の知識と技術をじかに学び、アメリカ式の手法こそ北海道の開拓に役立つと考えた（『全集』23、6）。黒田が手本としたのは荒野を切り開いて農地に変える技術だけでなく、開墾に果敢に立ち向い、独立を重んじるフロンティア精神でもあったに違いない。新渡戸は黒田が北海道開拓のモデルと見なした米国で新鮮な開拓精神の息吹に触れたと思われる。
　三本木・札幌・ボルチモアを経て、新渡戸は新たな土地を切り開くことに対して支配や侵略という否定的なイメージではなく進歩や向上という肯定的なイメージを築いていたはずである。この点はこれまであまり指摘されてこなかった。しかし、こうした原体験が以後の植民事業従事者としての彼の経歴や植民思想に影響を及ぼしていく。

国内外で培われた農学に関する専門知識や経験を買われて、新渡戸は台湾総督府民政長官の後藤新平（1857-1929）から台湾総督府技師にスカウトされた。まもなく、1901年から植民地台湾で製糖業推進のために働くことになった。次の表1「新渡戸稲造と台湾の植民事業」[7]に示すのは台湾での職歴である。

表1　新渡戸稲造と台湾の植民事業

年	経　歴	本拠地
1899年12月	後藤新平らから農業技術者にスカウトされるが、札幌農学校での務めを果たすため辞退する。	米国
1900年2月	度重なる誘いに一年間の視察期間をもらうことを条件に依頼を受け、台湾総督府嘱託として農業事業視察のため欧州へ赴く（スペイン・ロンドン・パリ・ベルリンにて調査、イタリア・エジプトを経て帰国）。	欧州
1901年1月	日本に戻り、後藤新平を訪問する。	日本
1901年2月	台湾総督府技師に就任する。	日本
1901年5月	台湾に赴き、台湾総督府民政部殖産課長に就任する。	台湾
1901年6月	台湾総督府民政部物産陳列館長に就任する。	台湾
1901年9月	台湾総督府に「糖業改良意見書」を提出する。	台湾
1901年11月	台湾総督府民政部殖産局長心得に就任する。	台湾
1901年12月-1902年5月	ジャワ・マニラ・オーストラリアで農業視察を行う。	南洋
1902年6月-1902年12月	欧米諸国を視察する後藤新平に付き添う（カナダ・アメリカ・キューバ・イギリス・フランス・ドイツ・ロシア・バルカン諸国・エジプトを訪問、その間1902年6月からは臨時台湾総督府糖務局長を兼任する）。	欧州
1903年1月-1903年9月	台湾出張のため日本と台湾を数回往復する。	日本
1903年10月	台湾の職務と京都帝国大学法科大学教授の職務を兼任する。	日本
1904年6月	京都帝国大学法科大学教授の職務に専念する。	日本

台湾での新渡戸の最大の功績は1901年9月に台湾総督の児玉源太郎(1852-1906)に提出した前掲の「糖業改良意見書」であった。これは糖業を台湾の最重要産業へと盛りたてていくための提言である。この立案に基づいて翌年に台湾総督府は台湾糖業奨励規則を制定し、臨時糖務局を設置し、糖業保護奨励政策を施行した。新渡戸の意見書は台湾の糖業振興の基礎を打ち出したと見てよいだろう。

　「糖業改良意見書」で目を引くのは台湾の甘蔗（サトウキビ）農家に対する新渡戸の細やかな視点である。自然災害からサトウキビ農家を守るための「甘蔗保険（『全集』4、219）」の整備や、製糖業者の搾取からサトウキビ農家を守るための産業組合の設立（『全集』4、219）も提唱している。保険や産業組合は実現を見なかった。それでも、こうした提案からは甘蔗農家の保護が台湾の糖業発展の基盤を築くという農業技術者としての新渡戸のポリシーがうかがえる。

　また注意すべきは、新渡戸が実際に台湾の現場で業務にあたっていたのは最大限に見積もっても一年に満たないという事実である。彼の台湾赴任時代は台湾に着いた1901年から台湾を離れ京都帝国大学法科大学の専任教授になった1904年までの全期間だと思われていることが多い。しかし、それではあまりにおおざっぱすぎる。先ほどの年譜から丁寧にひろうと、台湾を拠点にした職務は、1901年5月に赴いてから同年12月に南洋視察に発つまでの正味八カ月にすぎないことがわかる。（京都帝国大学の専任に就いた後も、彼は1911年までは平均して年に一、二度の割合で台湾視察を行っている。）

　新渡戸の台湾滞在がそれほど長期に及ばなかったことは、彼の役割があくまで台湾総督府のもとでの農業技術指導にあったことを裏づける。実際、学術的根拠に基づいてサトウキビ栽培や製糖技術の改良・発展の枠組みを示す「糖業改良意見書」には、農業政策者としての彼の力量が大いに発揮されている。台湾の植民事業は武力支配ではなく技術指導であるという彼の認識は、自らの任務の中で生まれたものに違いない。1910年に台北国語学校で行われた講演「近時殖民論の勃興」の一節がその点を明かす。「我々

の現にやつて居る殖民は決して不正当のものでない、正当のもので恥ず可きものでないのである」と太鼓判を押している。彼には農業政策を通して台湾の産業発展に力を尽くしているとの自負があったようだ。

台湾での実務を踏まえ、新渡戸は1903年から京都帝国大学法科大学で植民論の講義を開始した。その後1906年に東京帝国大学農科大学教授に就任し、植民政策の講義を担当する。1909年の末からは第一高等学校校長を兼務しながら、1919年まで東京帝国大学法科大学で植民政策を講じている。(また、1917年から1919年までは台湾協会学校を前身とする拓殖大学の第二代学監も兼任した。国際連盟事務局次長に就任してジュネーヴに移るまで植民政策講義を行い、その後も名誉教授として名を残す。)

すでに1890年に札幌農学校では教授の佐藤昌介 (1856-1939) が日本初の植民政策講義である植民史を開講していた。当時同校で教授を務めていた新渡戸は1894年から佐藤の講義を引き継いだ。そうした経緯があって、京都帝国大学法科大学での植民講座は新渡戸にとって初の試みではなかった。だが、台湾から帰国後に受け持った講義は、植民政策学に実務経験を組み込む出発点となった。

1909年には故児玉源太郎記念寄付金をもとに東京帝国大法科大学に植民政策講座が開設され、新渡戸はその講座の初代担当教授に任命された。実際に同講座を受講した経済学者の大内兵衛 (1888-1980) (1912-3年受講)・高木八尺 (1914-5年受講)・矢内原忠雄 (1916-7年受講) らの学生時代のノートからおこされたのが講義録「新渡戸博士植民政策講義及論文集——講義」(1943年) である。そこには特定の植民地統治に絞った説明ではなく台湾での実務や諸外国での視察を踏まえた植民全般についての新渡戸の生きた知識が百科事典さながらに詰まっている。彼の植民観を読み解くうえで貴重なこの講義の内容については後に詳しく扱う。

大学での講義以外に新渡戸は学術協会を通しても植民事業に貢献している。創立されたばかりの「殖民学会」の主要メンバーとして1910年12月に講演「殖民学会の意義」を行った。なお、この講演録を掲載する『殖民学会会報』(第1号) は、国内では北海学園にしか所蔵が確認されていな

い希少価値の高い雑誌である。彼は「殖民学会は殖民学の会ではなく、殖民の学会と謂ふべきものである」(14)と話した。やはり台湾で得た経験や技術の裏打ちがあって、植民政策学の理論面だけでなく実践・実用面を重んじている。

　こうして、新渡戸は日本の植民政策学者の草分け的存在となった。日本が植民地を獲得するきっかけとなった日清・日露戦争を経て、植民政策学は帝国主義の時代の要求に応える形で発展していった。植民は国家興隆の一大プロジェクトと見なされ、植民政策の研究は最先端の研究の一つに位置づけられていた。後述するように、そうした状況のもとでは新渡戸を含めた多くの植民事業従事者が植民そのものに疑いを差しはさむ余地はほとんどなかったと考えられる。

3　二大方針

　前掲の「新渡戸博士植民政策講義及論文集」は新渡戸が植民政策を通して何を目指していたのかを知るために必読の文献である。まずもって、植民という語のルーツから説き起こす箇所から彼の植民思想の原点が浮かびあがる。

　新渡戸によると、「殖民」の字は1862年の英和辞典『英和対訳』に初めて登場し、日本語の植民という言葉は英語のcolonyという単語を翻訳して新たに造られた（『全集4』、49-50）。英語のcolonyのもとになったラテン語のcoloniaについては次のように説明されている。

　　ローマ帝政の末期に於いて、農民は法律上は自由であつたが経済上地主の束縛を被ること多く、その住家も地主の命令によりて屢々転ずる習慣があつた。又ラティフンディア（latifundia）の制度が行はるるに及び、地主は之に要する農業労働者を他の地方から移して植ゑつけた。之れ即ち colonus（複数 coloni）であり、これら農民の部落を colonia といつたのである（『全集4』、50）。

新渡戸が言うように、近代以降の植民の語源になった colonia とは、ローマの大土地経営のもとで農夫が移り住まわせられた土地を意味した。植民が農業と結びついていた点を強調するあたり、やはり支配というネガティブな感触ではなく開墾というポジティブな感触で植民を捉えているのがうかがえる。

ところで、歴史的に見れば、母国の政治的な拘束を受けない、人々の意志に基づいた移動もたしかにあった。哲学者の柄谷行人（1941-）は『哲学の起源』（2012年）でそうした移動によって成立した古代のイオニアの諸都市に注目している。人々が自発的にやって来て建設したイオニア諸都市がいかに血縁に基づいた伝統的な氏族社会の忠誠関係から切り離され独立していたかを明らかにする。

その後はローマをはじめ母国との間の従属関係に基づく植民が圧倒的になり、ラテン語の colonia が植民という言葉のもとになった。ただいずれにしても、人が暮らしを移す背景にはさらなる安定や発展への願望がある。その意味では、任意であれ政治的な強制であれ、民は動いているのではなくつき動かされている。結局のところ、植民とは民が植わるというより進歩発展という名のもとに民が「植ゑつけ」られることではないだろうか。

ともあれ、こうした語源を踏まえて新渡戸は既出の「新渡戸博士植民政策講義及論文集」で植民の定義と植民の意義の二点を明らかにしている。

第一に、新渡戸は植民を次のように位置づける。

> 我輩は「人」、「土地」並に「母国との政治的関係」の三者を要するものとして、植民地とは新領土なりと定義し、植民とは国民の一部が故国より新領土に移住することをいふものと解する（『全集』4、61）。

第二に、新渡戸は植民の意味を「全地球の人間化（『全集』4、48）」を図り文明の範囲を広げることと見なし、「"Colonization is the spread of civilization."『植民は文明の伝播である』（『全集』4、167）」と唱える。

新渡戸は植民を単なる「新領土」の拡張とは見ず、そこに人の思想や風俗を根づかせることが植民の目的だと考えている。したがって、植民の最終的な目標を「文明の伝播」と讃え、人類の物質的資源や精神的資源を切り開いて有効活用する人間活動にまで広げる。このように、彼の植民政策論の中心は台湾や朝鮮の植民地経営に関する具体的なノウハウではなく植民事業全体の指針となる植民の理念である。

　上記の説明には一つ気になるところがある。植民地が母国との「政治的関係」によって成立すると定義しながらも、新渡戸は肝心のその関係に踏み込んで解説をしていない。植民地史研究家の浅田喬二（1931-）も著書『日本植民地研究史論』（1990年）でこの点を厳しく追及している。彼自身はその「政治的関係」を「植民国と植民地の間に存在する政治的支配・従属関係」[17]と捉える。たしかに、植民地は植民国の政治的支配を前提とするのであり、この構図に触れずして植民を定義できない。

　では、新渡戸は植民に潜む「政治的関係」を完全に見落としていたのか。それとも、意図的にそうした関係に踏み込まなかったのか。彼の植民思想を読み解くためには、何としてもこの点をはっきりさせておかなければならない。本当のところ、彼は植民国と植民地の間の「政治的関係」を見抜けなかったのではなく故意に言及しなかった。その根拠は「新渡戸博士植民政策講義及論文集」中の次のような発言である。

　　キップリング曰く、劣等なる土民を征服して啓発するは、"White man's burden"（「白人の負担」）[18]であると。之は、天より負はせられた重荷の意である。植民は劣等なる者を高尚にする為め、換言すれば俺の如くにする為め、といふのであつて、植民 colonization は実は征服 domination であり、民族精神は capitalism（資本主義）の形式を取りて顕はれる（『全集』4、41）。

　新渡戸は植民が「征服」以外の何物でもないと認めている。植民国と植民地の間の支配と従属の図式を見抜いたうえで、あえてそうした事実関係

を「政治的関係」というオブラートに包み表現したはずである。その意図は彼の植民政策論を評価するうえで重大な要素となるので後に詳しく述べたい。

　こうした植民の意味づけに基づいて、新渡戸は「植民政策は現在の各国植民地の研究を基として、自国の意志を新領土に行ふものである。即ち新領土に於いて国家がその目的を達する為めの政策である（『全集 4』、63）」と定義する。植民を「一の病的状態（『全集』4、63）」と捉える彼にとって、「植民政策とはかかる一時的傾向あるものに就いて、本国に取りての利益を永からしめようとする政策である（『全集』4、63）」。

　ここにも一つ目を止めておきたいところがある。植民国にとって植民地はあくまで「一時的」なものにすぎないという新渡戸の認識である。要するに、彼は植民地の文明が発展を遂げて完全に独立するまでを見据え、植民地状態はその最終段階に至るまでの暫定的な状態でしかないと考えている。この点も彼の植民政策論の独自性を理解するための決め手となるため、後で詳しく取りあげたいと思う。

　さて、新渡戸の植民政策は植民地の人々の生活の向上と人類全体の繁栄の二点のガイドラインに沿って論じられる。第一に、新渡戸は植民地の人々に恩恵をもたらすことを目指す。この指針は「新渡戸博士植民政策講義及論文集」の「原住民の為めに有利なることを主眼とすることは、本国の神聖なる義務である（『全集』4、161）」という言葉に集約されている。植民地の人々の暮らしの向上に力を尽くすことは、クエーカー新渡戸にとっての「神聖なる」義務だったと思われる。

　第二に、新渡戸は人類全体に恩恵をもたらすことを目指す。彼のビジョンは論説「植民の終極目的」（1914 年）中の次の箇所に示されている。

　　思ふに全地球は畑地にして之に人種子を蒔くものは人類以外の一種の力なり。聖書には「天父は農夫なり」[19]と言えり、されば多人少地の地より多地少人の地に人種子を植うるは、将来全人類の最高政策ならん（『全集』4、357-8）。

新渡戸にとって植民の究極的な目標は神が創造した地球の資源を有効に活用することであった。ここにもクエーカー的な彼の理想を読み取ることができる。神が地上に播いた「種子」を活かすことで人類活動の可動域が広がり、やがて人類全体の繁栄に実を結ぶと信じる。

　こうしてみると、植民地の人々の人格を尊重し、人類共通の目的を追求する新渡戸の植民政策の根本方針は、いたって人道的だといえる。日本の勢力範囲を拡張するために他民族の侵略を推し進め、見境なく国益や領土を拡大しようと呼びかけるものではない。

　しかしながら、植民地の人々を含めた人類全体の幸福と利益を追い求める新渡戸の植民政策の方針はどうも腑に落ちない。なぜなら、そもそも人道的な植民政策など成立するはずはないからである。「新渡戸博士植民政策講義及論文集」には植民政策にまつわる四つの注意事項が示されている。以下の注意事項に目を通すと、彼が打ち出す植民政策が独りよがりなものであることが明確になるだろう。

　①原住民の風俗習慣にはみだりに干渉すべきでない（『全集』4、165）。
　②原住民の思想について（『全集』4、166）。
　　（a）母国語を教へても、之が為めに原住民の思想は改まらない（『全集』4、166）。
　　（b）宗教を伝へて本国人と原住民との間の同情の紐帯たらしめんとすること（『全集』4、166）。
　③新附の民を急に国家化せんとすること（verstaatlichen）は不可である（『全集』4、166）。
　④本国人が原住民より実質的に優等でなければ、教化は出来ない。却つて原住民の為めに化せられる（『全集』4、166）。

　①や③に混じって②や④からは、植民地の人々は「優等」な植民国の人々

から「改」められ「教化」されるべき存在だという新渡戸の見かたが浮き彫りになっている。植民地の人々が植民国の人々に教えを乞う存在だという大前提は植民地の人々にとってまったくフェアではない。これでは植民地の人々の福利に貢献するという原理にも、人類全体の福利に貢献するという原理にも反してしまう。

　一見すると善意に満ちているが、新渡戸の植民政策の理念は実のところ植民国の抑圧や統治の隠れみのになるのではないか。彼が唱える植民政策がいかに温和なものであったとしても、その根本には植民政策を施す側と施される側という拭い去れない支配・従属の関係がある。しかもこうした現実を認めていたにもかかわらず、彼は植民政策への加担を拒絶しなかった。結局、彼の植民政策論は植民地支配の実態を人道的配慮で包みこむものだったと言わざるを得ない。

4　文明国の責任

　植民地の人々の支配という現実と人類共通の目的の探求という新渡戸の理想の間には、埋めようのないギャップがある。さらにその矛盾をあらわにするのは前掲の『日本国民』の一節である。新渡戸は植民地台湾での植民国日本の政策を例に挙げながら次のように述べる。

> 台湾の人々が我ら日本人の保護・監督に従う限りにおいて、人々の習慣や慣行はそのまま認められる。日本の植民政策の原理は毅然とした秩序の維持と社会の自由の保障の両方である。日本による植民が行われる前、台湾には一国の確固たる統治が欠けていたのであり、我らが指導するのはこうした側面に他ならない（『全集』13、230）。

　新渡戸によると、植民国による植民地の保護・監督が容認される理由は、植民地の人々が自国を統治できるまでに政治的に成熟していないからである。植民地の人々が植民国の人々の保護を甘んじて受ける場合にのみ、彼

が説く植民政策は人道的でありうる。

　もちろん、新渡戸が国内秩序を維持するための統治能力をこれほどまでに重要視していることは、近代の世界的な帝国主義の潮流を無視して議論できない。上記の言葉は厳しい国家間の生存競争の中でのものである。国内の秩序を確保できない国は他国からの侵略の格好の餌食となった。日本の近代化は植民地になるのを防ぐための軍事力や技術力の近代化でもあったという点に異論はないだろう。

　ここで思い返されるのは、欧米の脅威をいち早く肌で感じ取った長州藩藩士の高杉晋作（1839-67）の危機意識である。ちょうど新渡戸が誕生した幕末の1862年、高杉は約二カ月間上海に滞在し、現地の実情を視察した。帰国後に著した「遊清五録」（1862年）には「実に上海の地は支那に属すると雖も、英仏の属地と謂ふも、又可なり」[20]と書き残されている。欧米の植民地と化している上海の実態を目の当たりにして、「我日本ニモ速ニ攘夷ノ策ヲ為サズンバ、遂ニ支那ノ覆轍ヲ蹈ムモ計リ難シト思シナリ」[21]との脅威が植えつけられる。いうまでもなく、当時の日本にはいまだ国家の枠組み自体が成立していなかった。その頃に高杉が西洋に対して抱いたコンプレックスと、明治国家の成立後に新渡戸が西洋に対して抱いた憧れも絡みついたコンプレックスとを同列には語れない。それでも、欧米列強による植民地化の脅威を退け日本の独立を守らなければならないという危機感は、高杉の世代に限らず、その約一世代後を生きた新渡戸の内にも常に高ぶっていたはずである。

　現に、新渡戸は英文論考「日本の植民（"Japanese Colonization"）」（1920年）で日本の植民事業の動機を次のように力説する。

> 近代日本の植民事業の初期段階での主な目的は国境防衛や他国の侵略からの自衛といった日本国家の安全保障であった。実は、これらの目的は現段階の植民事業においても妥当である（『全集』23、111-2）。

日本国家の安全保障の最前線の一つだった台湾に赴いて以来、新渡戸は

対外的な脅威に対抗するための強固な統治能力をますます重視したのかもしれない。

　だからといって、そうしたことは日本が植民地台湾や植民地朝鮮の人々の政治的な権利を度外視してよい理由にはならない。では、植民地の人々の政治的権利を強制的にはく奪してまで遂行されねばならなかった植民事業の目的とは何だったのか。それに対する答えは講演「医学の進歩と殖民発展」（1918年）中の次のような発言に示されている。

　　殖民と云ふと唯自国の発展とのみ考へ、其国が権力の及ぶ所、其国の従来の国境以外に領土権を占める事であると云ふ様にばかり人が思つて居たが、見様に依つては殖民は文化の拡張である、文明の発展である（『全集』4、328）。

　新渡戸は「高等なる国家より低い処に文化の恩沢を施す（『全集』4、328）」ことが全人類の文明の進歩に役立つと確信している。こうして、植民の意義は文明の発展段階の格差を埋めることに尽きると考える彼は、「私は文明の拡張を喜ぶ単純なる人間（『全集』4、345）」と自任する。

　植民地と統治力をめぐる先ほどの『日本国民』での議論と植民地と文明発展をめぐる上記の議論とを合わせると、次のようにいえる。先進国の文明の発展を可能にしているのは人々の成熟した政治的能力であり、植民地が果たすべき本分はその統治の手腕に従いながら文明の開発に励むことである。同時に、植民地の文明の発展を妨げているのは人々の未成熟な政治的能力であり、植民国に託された使命はその統治能力を強化して文明の開発を助けることである。くしくも、先ほどの講演のタイトル「医学の進歩と殖民発展」自体が植民国と植民地の関係を暗示している。医者である植民国は患者である植民地を訪ね、その疾病の原因を非文明と診断し、文明を注入してその病巣を根治しようとする。

　こうしたことから、新渡戸の植民政策論の下地となっている次の比例式が浮かび上がる。

植民国：植民地＝政治的能力が成熟した国：政治的能力が未成熟の国
植民国：植民地＝文明先進国：文明後進国

　新渡戸は文明の程度と政治的成熟度とを一つに結びつけ、文明の発展の度合いは国内秩序を維持する統治能力の度合いに比例すると見る。こうした価値基準にのっとった関係の中で植民国の責務を語っている。
　ここで「新渡戸博士植民政策講義及論文集」中の「植民とは大体に於いては優等なる人種が劣等なる人種の土地を取ることである（『全集』4、139）」という一文を読み返してみたい。これは他民族をさげすんだ侵略的な見解として批判にさらされやすい箇所である。だが上記の図式を踏まえると、他民族蔑視というより新渡戸の価値判断を如実に示す発言だとわかる。彼は人々の政治的能力の成熟と未成熟の程度を文明進歩のインデックスとしてそれぞれ「優等」と「劣等」という語で言い表したまでである。
　人類の発展段階の一段階だと植民を肯定する新渡戸の文明観は、キリスト教文明を背後に持つ近代西欧の文明観[22]に通じている[23]。それは野蛮、未開、半開の順に文明が一定方向に進歩発展を遂げるという見かたである。
　晩年の新渡戸の英語講演「国際協力の発展（"Development of International Coöperation"）」（1932年）もそうした文明観が下敷きになっている。当時七十歳を迎えていた彼は自らの生涯とともに祖国の歩みを振り返り、日本は二つの時代を経て今や三つ目の時代に差しかかっていると述べる（『全集』15、307）。一つ目の時代は明治維新以前の封建時代であり、二つ目の時代は維新後の国家の再構築と拡大の時代であり、三つ目の時代は国際協調の時代である（『全集』15、307）。封建主義の十八世紀を経て、国家主義の十九世紀をくぐり、国際協調主義の二十世紀に直面する日本の歴史的流れは西洋文明の流れに沿っていると強調する（『全集』15、307）。日本文明の発展段階が西洋文明の発展段階に重ね合わせられていることに注目したい。彼は西洋の人々が登ってきた野蛮から文明への進歩のはしごを日本人も追いかけ登っているのだと確信している。厳密にいえば、追い

かけ登るべきだと確信している。彼の文明観は人間の理性や文明が進展しつづけることを前提とするキリスト教に根ざした西洋の文明観をなぞるものであった。そこで、彼は西洋の価値観からそれるものを野蛮・未開・半開と振り分ける。

　西洋化と文明化がイコールであった明治維新後の時代、新渡戸もキリスト教を基盤とする西洋文明をおおいに吸収した。その点は既に引用した『人生雑感』の文章にも読み取れる。「只に基督が人類の為めに犠牲になつたばかりではなく、より小さい者がより大きい者の犠牲になつた事に依て、宇宙の進化は現在の程度にまで達するを得た（『全集』10、65）」という一節である。人間は進化という一つの大きな目標に向かっていることを念頭におく新渡戸の文明観は、たとえ自覚がなかったとしても、彼自身のキリスト教信仰と深く結びついている。

　日本人キリスト者としての新渡戸の自己統合の過程と文明観との密接な関連を鋭く言い当てているのは宗教学者の島薗進（1948-）である。島薗はその結びつきを論説「近代日本の修養思想と文明観——新渡戸稲造の場合」（1997年）で次のように分析する。

> 新渡戸の自他意識そのもののなかに、自他の優劣を固定的に捉える序列的な自他意識と、つねに他者に開かれて向き合おうとするいわば自己超越的な自他意識の間のアンビバレンスが宿されていた、といえよう。新渡戸は儒教的な名分論によって支えられた身分社会の意識を引き継ぎ、加えて啓蒙主義的進化主義的な文明論を身につけることによって、自分を優等な文明の担い手として意識し、その恩恵に浴さない人びとを野蛮と見下すことができた。しかし、他方、彼のなかのキリスト教信仰や自立思想のなかには、自らが出合うすべての他者に対して「我と汝」の関係を取り結ぼうとする志向があった。人間は知的に進歩することによって後者の能力を身につけると信じられたので、新渡戸のなかでは両者の間に矛盾や対立があるとは考えられていなかった。(24)

新渡戸が人道的な植民を矛盾と感じなかった思考のからくりを明らかにするうえで、島薗進の見解はおおいに参考になる。そのからくりとは、キリスト教的思想の成熟の程度と文明の成熟の程度とを連動させる新渡戸の価値基準に他ならない。

　ただし、新渡戸が理知の文明をこうむるキリスト教徒の立場から無知の野蛮にどっぷり浸かった異教徒を見下していたという島薗進の指摘にはうなずけない。クエーカーの新渡戸はキリスト教徒であるなしに関わらず神からすべての民に与えられる価値を信じていた。したがって、筆者がここで問題にしたいのは新渡戸の選別意識ではなく、新渡戸が（そして洋の東西や時代を問わず他のキリスト教徒もが）無自覚のうちに文明の高みとキリスト教思想の深まりを連結させていることである。立ち遅れている植民地の人々の文明を引きあげることに新渡戸が何のためらいも覚えなかったのは、人は「知的に進歩することによって」キリスト教的思想を養えると確信していたからだろう。

　新渡戸の文明観の中核部分がはっきりと示されているのは前掲の「日本の西洋化の特徴」である。「もっとも原始的な暮らしをしている人々も、よきものを感知する何かを内に秘めている。ジョージ・フォックスは人々に授けられているそうした生来の力を端的に『種』と呼ぶ（『全集』12、445）」と明記されている。クエーカー創始者のフォックスの教えに基づいて、新渡戸は文明の程度に関わらず神があらゆる人に生まれつき授けた人格的尊厳の「種」を信じる。ただ、新渡戸によると、それは「よきもの」である文明に到達する可能性の「種」でもあり、その「種」が芽を出すと

きに人は文明の発展段階をまた一つ昇ることになる。実に、新渡戸の植民への関心は新しい土地を開拓しその新開地に人間の理性という文明の種を植えて神の使い手を育てる試みにある。

　注意すべきは、新渡戸の文明観とクエーカー信仰とが結びいて、文明の発達度と人格の完成度が混同されている点である。こうして、先に示した式に次の比例式が追加される。

　　植民国：植民地＝政治的能力が成熟した国：政治的能力が未成熟の国
　　植民国：植民地＝文明先進国：文明後進国
　　植民国：植民地＝キリスト教が浸透した国：キリスト教が未浸透の国

　新渡戸は人間が知的に進歩向上することによって神から与えられた「種」を育み活かし人類全体に貢献できると信じて疑わなかった。彼にとって洗練された文明は、神の使徒であることを示すバロメーターでもあった。

　このように一本化された価値基準のもとでは、「新渡戸博士植民政策講義及論文集」中の「原住民の政治的権利は奪うても、個人的権利は奪わない（『全集』4、158)」という論理もまかり通る。植民地の人々の政治的権利をいったんはく奪するのはあくまで統治能力を指導するためで、それが人々の文明だけでなく人間性の向上にもつながるというのが彼の理屈である。

　ここで再び開拓にまつわる新渡戸の体験が思い出される。新たに土地を開拓していくことに対して、支配や侵略というよりもむしろ進歩や向上という伸びやかなイメージを抱いていたのだった。そうした原体験が植民事業の意義を肯定させたのと同様に、彼のキリスト教信仰もその意義を肯定させている。人間は知的に進歩することでキリスト教思想が追求する人類全体の進展に近づくと信じる彼は、文明の普及という名のもとに植民事業を理想化する。

　繰り返すように、全人類に文明を拡大していくという文明国の使命は、人間は発展に向かっているという文明観が優勢だったキリスト教に根ざす

近代の西欧文明の中で語られたものであった。そこに見え隠れするのは、進歩的な文明にあずかることが人類普遍の目的であり、素朴な文明を営むことは特殊な傾向であるという文明の尺度である。

　政治学者の姜尚中（1950-）の著書『オリエンタリズムの彼方へ――近代文化批判』（1996年）はこのような近代西洋の価値基準に疑問を投げかける。姜によると、近代西洋で盛んに唱えられた文明の伝播という壮大な計画は「（異邦）伝道」[25]であり、「文明の洗礼（人類生産力の発展）」[26]の計画であった。まさに、近代の西洋の人々が誇らしげに掲げた文明先進国としての責務は、文明後進国に暮らす異教徒へのキリスト教伝道の使命と切り離すことはできない。現に、そうしたミッションのもとに欧米諸国が植民地を拡大してきた実績がある。「年々増えつづける何百万もの人口の自由な発展のために、神から分け与えられた大陸を一面に拡大していく明白な運命の遂行」[27]と銘打たれて、アメリカ大陸でも原住民の生活が破壊された。そこには非キリスト教世界の未開文明に「伝道」を行いキリスト教という文明の「洗礼」を施すという明白な欺瞞が見て取れる。

　『随想録』中の1905年の英文所感「日露戦争後の仕事（"Post-Bellum Work"）」もこうした欺瞞をまとっている。新渡戸は「政治的資質が乏しくて経済的『進取の気質』に欠け、知的好奇心が薄く、貧しい柔弱な朝鮮の人々の保護と監督は有色の日本人の責務となった（『全集』12、255）」と豪語する。「有色の日本人の責務」とは前にも新渡戸が引いていたイギリスの詩人ジョゼフ・ラドヤード・キップリング（Joseph Rudyard Kipling, 1865-1936）の英語詩「白人の責務（"The White Man's Burden"）」の言葉をもじったものである。新渡戸は文明先進国の仲間入りをした日本には極東地域の保護責任者として地域の進歩発展を手助けする責任があると訴える。だが、朝鮮の人々の面倒を見て管理するというのは、人々を日本の勢力下に置くことである。新渡戸の訴えは統治する側のおごりにすぎない。さらに、「有色の日本人の責務」は後の太平洋戦争にあたって叫ばれた大東亜共栄圏の構想に相通じるものがある。欧米の植民地支配から東アジア・東南アジアを解放し、日本を盟主として共存共栄の

新たな国際秩序を建設するというもくろみは、かつての日本の立場を反転させた発想だ。西洋からの支援や指導によって後進国から先進国となった日本が、今度は先進国の立場からアジアの後進国を保護し監督しようというのだった。

このように、新渡戸は原始的な文明は進歩的で普遍的な文明に導かれるべきものと思い込んでしまった。彼の文明観の問題点は近代西洋の文明観の主流からはずれる非文明を否定的に捉えたことである。彼が唱えた文明の普及という理想は、現実には多様な価値観を持つ人々を近代西洋の価値基準に沿って矯正しようとする深刻な危険をはらんでいる。

新渡戸が東京帝国大学法科大学で講義を担当していた植民政策学は太平洋戦争後に国際経済学に改変された。国際社会の枠組みの変化に伴って、彼が説いた人道的な植民政策論は今や国際経済学のもとでの開発援助論や国際協力論に組みかえられている。彼が植民の意義を疑わなかったように、現在の開発援助や国際協力の意義もおおむね疑われることはない。しかしながら、たとえ（民間・二国間・多国間を問わず）開発援助や国際協力へと形態が変貌しようとも、どこかの国がどこかの国の開発を支援し指導するという図式は前掲の植民事業の図式とはけっして無縁ではない。植民事業に加担した新渡戸を批判するのなら、進歩を遂げた者がその途上にある者を手助けするシステムが脈々と引き継がれた開発援助や国際協力をも手放しで肯定できないだろう。(28)

かつて、アジア・中東・アフリカ諸国の国際支援 NGO の仕事に携わっていた筆者には、開発援助や国際協力の不要論を唱える意図はさらさらない。ただ、自戒を込めつつ疑問を投じたいのは、いったい先進国と途上国とを規定する尺度は誰が決めたものなのかという点だけである。

前掲の『オリエンタリズムの彼方へ』での姜尚中の次の記述はその尺度を問いただす手がかりの一つになるかもしれない。

　　近代西欧の文化を特権的な規範とする立場は、「普遍主義」あるいは「人間主義」をかかげながら、人種や民族の序列、劣った（下位の）文化

の隷属、さらに自らを代表（表象）できずに誰かに代表してもらわなければならない人々の服従をともなってきた。[29]

　姜尚中は新渡戸も追い従った近代西洋の文明観の落とし穴を見抜いている。人類の幸福追求を標榜して文明の拡張を後押しする近代西洋の文明観は、文明化を進める人々と非文明にとどまる人々をふるい分ける。それが文明の優劣をつけ、文明の格差をもたらす温床になる。数々の植民地が独立を獲得した現在でも、人々は依然としてそうした支配的な構造から抜け出せず、抜け出さず、文明間の摩擦や対立を生み出しつづけている。

5　心の開拓のビジョン

　新渡戸の植民政策論の評価をここで終わらせてはならない。野蛮・未開・半開・文明の順に文明の発展段階を把握していた新渡戸は植民地の次のステージをも見定めていたからである。そのような見通しを確認せずして、彼の植民政策の全容をつかんだことにはならないだろう。

　新渡戸は植民地が永久に植民地のままで存続すべきとは思っておらず、植民地状態はいずれ植民国から独立を果たすための一段階にすぎないと見ていた。その点を裏づけるために、これまで保留にしてきた植民と植民政策をめぐる二つの案件に立ち戻りたい。彼が植民の前提となる政治的・民族的問題にあえて踏み込まなかった件と植民を過渡的な現象と捉えていた件である。彼は植民地と植民国の支配・従属関係の撤廃は政治的・民族的な要求だけでは実現せず双方の人々が尊厳を認め合う中で実現すると確信していた。

　すでに論じた深刻な文明観の問題点と隣り合わせに筆者が注目するのは、新渡戸が人々の内面の価値に目を止めて植民国と植民地の支配・従属関係を克服するための建設的なアプローチを模索していたことである。以下、彼の植民政策論を貫く人間精神への働きかけと人間理解の推進の二点から、クエーカー信仰に裏づけられた人の尊厳へのまなざしを確かめてい

く。

　第一に、新渡戸は植民国と植民地の間に新たな共存関係を築くにはたがいの人格を重んじることが先決だと考えていた。ここで彼の女性論を引き合いに出す。これは本題の植民政策論からの脱線ではない。今までほとんど考慮されてこなかったが、彼の女性論には彼の植民思想を検討するのに役立つヒントが隠れている。

　新渡戸は随想「婦人に勧めて」（1918年）中の手記「新婦人観」で女性を「現今の未発達若しくは半開の女（『全集』11、189）」と呼び、当時の日本の女性の権利向上の運動に触れる。「これ等新しき女の主張は、男子の圧迫に対する反抗であつて虐待に堪へないとか、口惜しいとかいふやうな、全く消極的の叫びではありませんか（『全集』11、189）」と述べている。

　ここには重要な箇所が二つある。一つは男性から保護・監督されるべき存在とされてきた「未発達若しくは半開」の女性が権利向上を訴えるという構図である。新渡戸の言葉がまさにほのめかすように、これは植民国から保護・監督される側の未開あるいは半開の植民地の人々が自治・独立を訴える構図と重なる。

　もう一つは権利に目覚めた女性による一見積極的と思われる運動を新渡戸が「消極的」と表現していることである。彼の考えでは、女性が抑圧されてきた反発を男性にぶつけるだけではかえって男女間の対立が深まり、女性の人権尊重という本来の目的から遠ざかる。彼が真に積極的な女性運動と見なしていたのは、女性と男性がともに人格の価値に目を向けることであった。同様に、彼は植民地の人々が政治運動や民族運動によって抑圧に抵抗するだけでは植民国と植民地の間の支配・従属関係の解消という最終目標に到達できないと知っていたはずである。たがいの人格を敬うことが本当の意味で積極的な働きかけになると信じていたに違いない。

　新渡戸の鋭い視点は「新渡戸博士植民政策講義及論文集」のまとめの部分に表れている。「何処の思想が何処を征服するかといふ問題（『全集』4、167）」は「二十世紀に発芽したる問題（『全集』4、167）」であり、今後いっそう重要な課題になるという。植民政策講義を行っていた二十世紀初頭の

時点で、彼は植民の根本的な問題は西洋思想の押しつけだと見抜いている。つまり、植民に潜む政治・民族問題の根源は人間精神の支配にあると突き止めている。人々が人格を尊重する関係を築かない限り植民の問題は解消せず、植民国は物理的にも精神的にも植民地を手放せないし、植民地は物理的にも精神的にも植民国から独立を果たせないと案じていた。植民政策論の結論部でこうした課題が提示されているということは、新渡戸が自分なりに植民の問題と格闘しつづけていた何よりの証であろう。

　第二に、新渡戸は植民国と植民地の間に新たな共存関係を築くには相互理解を推し進めなければならないと考えていた。やはり、「新渡戸博士植民政策講義及論文集」の結論部には人間理解を促進するための「文化的ミッション（『全集』4、167）」が明記されている。このミッションは植民地の文化を豊かにするために「国民主義（ナショナリズム）以上の文化を教へる（『全集』4、167）」ものである。彼は人々がたがいに学びを深める中で「政治的軍事的植民（『全集』4、167）」や「精神的植民（『全集』4、167）」のほころびに気づくよう願っていた。すでに引用した箇所を含む「"Colonization is the spread of civilization."『植民は文明の伝播である』。諸君は宜しくヴィジョンを見なければならない（『全集』4、167）」という同講義録の結びは、彼の願いを踏まえたうえで読み直されるべきである。彼は植民国と植民地の両方の人々が心を開いて異なる思想や文化に触れることを展望していたのだった。

　実際に、新渡戸は植民国側への働きかけを忘れなかった。「新渡戸博士植民政策講義及論文集」の次の一節にも植民国の人々の意識改革を迫る言葉がある。

　　植民国民そのものが原住民に適応することを要する。蓋し如何なる人種といへども、何か吾人の学ぶべき特殊の長所を有するが故である。実行法としては、彼らの風俗習慣歴史を研究し、採るべきだけを採り、与ふべきだけを与ふべきである（『全集』4、163）。

続いて、植民国の人々が植民地の人々から学ぶ姿勢を養うために、新渡戸は「根本的には対外思想の変化、異人種に対する思想の変化が必要である（『全集』4、163）」と説く。まずは支配する側に立っている植民国の人々が植民地の人々の「特殊の長所」に目を開いて狭く囚われた心から解放されなければ、植民地の人々の解放もないと悟っていた。植民地統治の知識や技術に焦点を置く従来の植民政策論の中で、このような主張はきわめて画期的なものだったといえる。

また、新渡戸は講演「植民の根本義」（1916 年）では日本の人々により身近な日本国内に暮らす植民地台湾・植民地朝鮮出身の人々への理解も求める。「今日日本に来て居る留学生、支那人なり朝鮮人なりを日本人がどれ程此人等を取扱ふに一視同仁の心を以てするかといふと、殆ど皆無だ」[30]と嘆く。新渡戸の視野は植民地で植民事業に携わる日本人だけでなく本国に暮らす日本人一般にも向けられている。彼は人間という共通の地盤を大切にしながら植民地と植民国の関係を乗り越えていくよう徹底して説いた。

実に、すべての人の尊厳を重んじるクエーカー新渡戸の人間理解は彼の植民思想でも核心部分をなしている。植民事業従事者である前に一人の人間として、一人のクエーカーとして、彼は植民の問題に立ち向かったのである。自らの務めは人々の学び合いの道をつける心の開拓だと承知していた。それはまさに太平洋の架け橋になるという使命に通じている。

新渡戸の一代の経歴を眺めても、彼のライフワークがあくまで人間と文化の相互理解の推進だったことはたしかである。台湾総督府技師に任命されて植民事業に足を踏み入れることになったものの、彼はもともと植民政策の仕事を志望していたわけではないし、その仕事に一生を賭けたわけでもなかった。事実、台湾を離れた後は次第に教育機関や国際機関に活動の舞台を移していった。その時々に与えられた役割にともなって矛盾を抱えながらも、人と文化の架け橋としての一筋の使命を貫いたのだった。

こうしてみると、植民地と植民国の新しい関係を見通して、おたがいの価値を認め、心を耕そうと呼びかけた新渡戸の声に耳を傾ける余地はある。

賀川豊彦はそのような精神を讃えて次の一節を含む詩「永遠の青年」（1936年）を贈っている。

　　祖父の血を継いで
　　開拓精神に生き
　　国境を越えて
　　人間を愛し得る
　　宇宙精神の持ち主であったよ
　　お〻　尊き存在――
　（『全集』別巻1、544-5）

　まさしく、新渡戸は祖父や父の開墾事業を間近で見た体験を出発点に、クエーカーの「宇宙意識」の信仰に支えられながら、相互理解を促す人間精神の開拓に取り掛かっていたのだった。

　植民にまっこうから異議を唱えずかたよった意味づけをして結果的に植民事業に力添えをした新渡戸の文明観の弊害は指摘されねばならない。だが、いずれは植民地と植民国の関係が廃止されるのを見込んで、人の心を耕そうとしていた姿勢が無視されてはならない。彼の植民思想のマイナス面とプラス面の両面を掘り下げることで、相反する言動がどちらもクエーカー信仰と深く結びついていることが浮き彫りになる。文明の進歩発展のために植民を正当化する文明観と、世界の人々の相互理解を進めて植民の撤廃を見据える世界観は、いずれも彼のクエーカー信仰とつながり合っていた。次章で検証するように、満州事変を境に国内が軍国の機運に包まれると、クエーカーの彼は同じような根深い矛盾にさいなまれることになった。

[注]

(1) 芥川龍之介「手巾」芥川龍之介『芥川龍之介全集第1巻』岩波書店、1995年、265-77頁を参照のこと。
(2) 芥川龍之介『芥川龍之介全集第18巻』岩波書店、1997年、53頁。なお、当作品のモデルとしての新渡戸について詳しくは拙論「芥川龍之介の『手巾』の長谷川先生と新渡戸稲造」『言語コミュニケーション文化』第9号、2011年、33-48頁を参照のこと。
(3) 飯沼二郎「新渡戸稲造は自由主義者か」『毎日新聞』1981年8月26日、夕刊、5面。
(4) 佐藤全弘「新渡戸稲造は『生粋の帝国主義者』か」『毎日新聞』1981年9月4日、夕刊、5面。
(5) 石上玄一郎『太平洋の橋――新渡戸稲造伝』講談社、1968年、11頁。
(6) 佐藤全弘『新渡戸稲造の世界――人と思想と働き』教文館、1998年、91頁。
(7) この年表は新渡戸稲造研究家の佐藤全弘と藤井茂（1949-）の著書『新渡戸稲造事典』収録の年譜を参考に筆者が補足しまとめたものである。佐藤全弘・藤井茂『新渡戸稲造事典』教文館、2013年、428-47頁を参照のこと。
(8) 後に新渡戸は同意見書提出にあたっての児玉源太郎とのやりとりについて著書『偉人群像』（1931年）で振り返っている。新渡戸は当初は「一廉の学者になる野心があつたから、軽々しく意見など出すまいと思つた（『全集』5、566）」ため、「もう一度全島を巡回し、かつ台湾の歴史を調べて、それから徐々に意見書を提出したい（『全集』5、566）」と考えていた。ところが、児玉は新渡戸に「実際的のことなら、われ〻の方がよく知つてゐるから、別に君の議論を煩はす必要がない。われ〻の望むところは、君が海外にあつて進んだ文化を見て、その眼のまだ肥えてゐる中に、理想的議論を聴きたいのであつて、台湾の実情を視察すればするごとに眼が痩せて来る。人はこれを実際論といふか知らぬが、われ〻の望むところは君の理想論である（『全集』5、566-7頁）」と伝えた。この発言に感銘を受けて、新渡戸は意見書をすみやかに提出したという。
(9) この意見書をめぐる評価については、武智直道「我が隠れたる糖界の功労者」『実業之日本』第36巻第21号、1933年、19頁；山根幸夫「台湾糖業政策と新渡戸稲造」東京女子大学新渡戸稲造研究会（編）『新渡戸稲造研究』春秋社、1969年、259-301頁；新福大健「臨時台湾糖務局の糖業政策」『東洋史訪』第10号、2004年、16-32頁を参照のこと。
(10) 新渡戸稲造「近時殖民論の勃興」『台湾時報』第8号、1910年、10頁。なお、この『台湾時報』は日本語による台湾の総合雑誌である。植民地経営に必要な台湾事情や南支南洋地域の状況を日本の人々に広く知らせるため、台湾総督府によって1909年1月から1945年3月まで刊行された。
(11) 田中愼一「植民学の成立」北海道大学（編）『北大百年史通説』ぎょうせい、1982年、592頁。
(12) 後に自らも植民政策学者となった矢内原忠雄は1923年から新渡戸の後任として同大学の植民政策の講座を担当した。矢内原の植民政策論は帝国主義的な植民政策への批判の立場から展開されている。台湾での日本の植民政策を論じた著書『帝国主義下の台湾』（1929年）は、太平洋戦争前に発売禁止の処分を受けた。このことは彼の植民政策研究が帝国主義はかならず行き詰るという信念に基づいていたこと

の証ともいえる。矢内原忠雄（著）若林正丈（編）『矢内原忠雄「帝国主義下の台湾」精読』岩波書店、2001年を参照のこと。
(13)　社会思想家の河合栄治郎（1891-1944）は論説「新渡戸稲造博士」（1935年）で新渡戸の植民政策講義について「法科大学教授としての博士は、大体に於て平凡であった、講義が上手で話は面白いし、所謂講義からえられない暗示が潜んでいた。然し経済史なり殖民政策なりの講義そのものは、大して内容の高級のものではなかった」と述べる。河合栄治郎「新渡戸稲造博士」社会思想研究会（編）『河合栄治郎全集第16巻』社会思想社、1968年、250頁を参照のこと。
(14)　新渡戸稲造「殖民学会の趣旨」『殖民学会会報』第1号、1911年、8頁。
(15)　柄谷行人『哲学の起源』岩波書店、2012年、36頁。
(16)　新渡戸が講演「医学の進歩と殖民発展」（1918年）で明らかにしているように、これは当時中国に駐在していたアメリカ公使ポール・サミュエル・ラインシュ（Paul Samuel Reinsch, 1869-1923）から新渡戸宛ての英文書簡の一文であった（『全集』4、328）。
(17)　浅田喬二『日本植民地研究史論』未來社、1990年、33頁。
(18)　これは新渡戸が植民政策に携わる直前の1899年に大英帝国の詩人ジョゼフ・ラドヤード・キップリング（Joseph Rudyard Kipling, 1865-1936）が発表した英語詩「白人の責務（"The White Man's Burden"）」の一節である。そこでうたわれている「原住民の利益を求め、そのために働く」白人の使命の裏には、白人による原住民の抑圧や支配という構図が隠れている。以下を参照のこと。Joseph, Rudyard, Kipling. *Selected Poems*. Middlesex: Penguin Books, 1993, 83.
(19)　「ヨハネによる福音書」第15章第1節を参照のこと。
(20)　高杉晋作「遊清五録」田中彰（校注）『開国——日本近代思想体系』岩波書店、1991年、218頁。
(21)　同前、226頁。
(22)　哲学者の梅原猛（1925-）は著書『文明への問い』（1986年）で文明が進歩発展に向かっていくことを前提とする進歩史観の生みの親は「歴史を、地上の国から神の国への発展の過程として理解する」キリスト教であると指摘する。梅原猛『文明への問い』集英社、1986年、235頁を参照のこと。
(23)　農学者の飯沼二郎（1918-2005）は論説「新渡戸稲造と矢内原忠雄」（1989年）で西洋の文明観をなぞる新渡戸の文明観を「西洋メガネ」と批判を込めて呼んでいる。飯沼二郎「新渡戸稲造と矢内原忠雄」飯沼二郎『飯沼二郎著作集第5巻』未來社、1994年、53頁を参照のこと。
(24)　島薗進「近代日本の修養思想と文明観——新渡戸稲造の場合」脇本平也・田丸徳善（編）『アジアの宗教と精神文化』新曜社、1997年、429頁。
(25)　姜尚中『オリエンタリズムの彼方へ——近代文化批判』岩波書店、2004年、130頁。
(26)　同前、130頁。
(27)　John, Louis, O'Sullivan. "Annexation." *The United States Democratic Review*. 17 (1845), 5.
(28)　そうしたシステムには「途上国」の側が「先進国」の側から援助されることに甘んじ、主導権を放棄し、依存することをも助長し、結果的にそのシステムにますます縛られる危険も常に潜んでいる。
(29)　姜尚中『オリエンタリズムの彼方へ——近代文化批判』岩波書店、2004年、216頁。
(30)　新渡戸稲造「植民の根本義」『台湾時報』第80号、1916年、26頁。

第5寄港地
満州事変後のアメリカ講演

「国を思ひ世を憂ふればこそ何事も忍ぶ心は神は知るらん」

1 晩年の活動の再評価

　新渡戸が初めて英語で講演をしたのは、米国留学中の二十四、五歳のころにフィラデルフィアの公会堂で七、八百名の聴衆を前に日本文化について一時間ほど話をしたときだった。既出の『人生読本』によれば、講演の直前に彼は緊張のあまり逃げ出したくなるほど全身の震えを止められず、歯や足をがくがくさせていた（『全集』10、276）。ところが、いざ講壇に立つと腹も据わり、挙句の果ては原稿に準備していなかったことまでおりまぜ、講演は上出来に終わったという（『全集』10、277）。自分をよく見せたいという気持ちを取り去って、結果がどう出ようとも最善を尽くすのみと開き直ったのが成功の秘訣だったと振り返っている（『全集』10、277）。このデビューの日から晩年に至るまで、英語を駆使して世界の人々に語りかけつづけた。実に、東西文化の架け橋としての生き方を象徴するかのように、全集に収められている彼の著作のほぼ半数は英語による講演原稿や論述である。

　冒頭で述べたように、満州事変後にわきかえる米国世論の反日感情を和らげるために、晩年の新渡戸はどの組織も代表せず一個人として渡米し、約一年にわたって講演活動を行った。その中で彼の主張は明らかに矛盾していた。彼は満州事変問題に関して日本側にくみする発言を繰り返しなが

らも、日米の国際協調を訴えたのだった。

　繰り返すように、筆者は晩年の新渡戸のアメリカ講演の評価に関して新渡戸批判・弁護のどちらの立場にもつかない。マイナス面もしくはプラス面の片面だけの議論では彼が矛盾を抱えることになったわけを突き止められないと考えるからである。米国講演の負の側面と正の側面の両方を検討して、彼のクエーカー信仰と深く結びついているその矛盾の核心に切り込むことができれば、彼の晩年を理解するための新たな回路が開かれるだろう。

2　渡米の目的

　なぜ新渡戸は反日感情が高まっていたアメリカに渡り満州事変をめぐって日本側の立場を弁明したのだろうか。米国での彼の講演活動の全容を解明する鍵を握っているのはアメリカ行きの動機だろう。彼が満州事変後にアメリカに赴いた理由については、さまざまな説が唱えられている。中でも有力視されているのが①昭和天皇への忠誠・②日本外務省の打診・③日本軍部からの強要・④国際協調主義から国家主義への信念のくら替えの四点である。以下、これら四つの説の妥当性を検証しながら、新渡戸の渡米の理由を考えていきたい。

(1)　天皇への忠誠説

　一番目は新渡戸を弁護する立場からの仮説で、彼が昭和天皇（1901-89）の言葉によって渡米の決意を固めたと解釈する天皇への忠誠説である。佐藤全弘の著書『新渡戸稲造の世界——人と思想と働き』（1998年）に代表される。佐藤は「この悲壮とも背理ともいえるアメリカ行きの決心を新渡戸にさせたのは、日米関係改善をよろしく頼むとの若き天皇の頼み以外ではなかった、と私は推断する」[1]と明記する。1930年12月8日に新渡戸は宮中学問所で「欧米偉人の印象」について天皇に講義を行い、食事を共にした。佐藤の別の著書『新渡戸稲造の精神』（2008年）にはその際の天皇

の言葉が紹介されている。「あなたはアメリカに大勢の友人をおもちだ。今日本がアメリカと戦うことになってはいけない。どうかアメリカへ渡って、各界の人に事情を説明してもらえないだろうか」と、天皇は新渡戸に依頼したという。

　たしかに、新渡戸の渡米は昭和天皇の願いと無関係ではなかろう。しかし、新渡戸が天皇の期待に応えるためにアメリカへ向かったと見るのはいささか性急な結論づけと言えないだろうか。何しろ、天皇のその言葉は1931年9月18日の満州事変勃発のはるか前のものであり、ましてや勅命ではない。事変後の渡米との関連はあくまで間接的である。新渡戸は天皇からかけられた言葉によって日米関係改善という自らの使命感を新たにしたまでと考えるのが妥当な線だろう。

　念のためにつけ加えると、昭和天皇に対する新渡戸の心情は心酔と言い切れるほど単純なものではなかった。後述するように、晩年の新渡戸は軍国化に対抗する勢力を政府の内にも外にも見いだせない状況に置かれていた。そうした中で天皇とは日米両国の協調という展望を共有することができた。日米関係の融和に尽くすよう激励されて、軍部の力がいよいよ強大になる日本を同じく憂える天皇に親しみを感じたことは別に心酔でも何でもない。日本の軍国化にともなって亀裂が深まる日米関係を改善するため、天皇の願いも汲み取って、新渡戸は渡米に踏み切った。

(2) 外務省打診説

　二番目は同じく新渡戸を弁護する立場からの仮説で、彼の米国での講演活動が日本外務省主導の対米キャンペーンの一環だったと主張する外務省打診説である。アメリカの新渡戸稲造研究家ジョージ・マサアキ・オーシロ（George Masaaki Oshiro, 1945-2007）の英文博士論文「戦前の国際人新渡戸稲造（"Internationalist in Prewar Japan Nitobe Inazō, 1862-1933"）」（1985年）に代表される。オーシロは「おそらく、新渡戸の尽力はアメリカの反日世論を好意的なものに緩和するための外務省主導のより広範の役割の一部だったと思われる」と説明する。

ここでまず押さえておきたいことは、新渡戸は一民間人として渡米したという事実である。それはアメリカに出発する直前に友人で尼の佐藤法亮 (1901-87) に送った次の書簡 (1932年3月22日付) からも明らかであろう。

> 近〻米国に行くべき相談を受け候、政府よりも命令ある様に御相談有之候へ共、小生は政府よりの派遣を望み申さず、私人の資格にて事に当り度く存候、尤も斯くなしては世俗的名誉は難得候共、行先に於て働くには却つて自由と存候[(4)]

日本外務省関係者からの個人的な打診や相談があったかどうかは別としても、新渡戸は外務省の御抱えの身分を望んではいない。あくまで一私人として自主的に講演活動に取り組むことを決めたのだった。

ただ、新渡戸の渡米後に外務省が彼に協力を求めたのはたしかである。とはいえ、渡米後の外務省との関係を示す文書だけを根拠にして彼が外務省の対米戦略の要員にかりだされたと判断するのは早とちりといえる。外交記録『日本外交文書昭和II期第2部第2巻』(1996年) を調べる限り、外務省が彼にアメリカ行きを依頼した公式文書は見当たらない。残されているのは、彼のアメリカ到着後に外務省との関係が密接になっていったことを示す文書だけである。

そもそも、外務省打診説は新渡戸の出港をめぐる誤解に端を発すると考えられる。そこに幣原喜重郎 (1872-1951) の姿があったことから、新渡戸は日本外務省から盛大な見送りを受けたと語り継がれてきた。しかし、新渡戸がアメリカへ出発した1932年4月14日の時点で、幣原は現職の外務大臣ではなく第四十四代の元外務大臣である。このときの外務大臣は第四十六代の芳沢謙吉 (1874-1965) であった。満州事変後の事態を収拾できなかった若槻禮次郎 (1866-1949) 内閣の総辞職にともなって、幣原は外務大臣の座だけでなく政界そのものから退いていた。(幣原が内閣総理大臣として再び政界に復帰するのは太平洋戦争後のことである。) とにかく、すでに政界を引退していた幣原の見送りを外務省挙げての見送りと見

なすことはできない。

　ただし、新渡戸が渡米するという情報を得たアメリカの日本大使館や領事館はこぞって興味を示した。日本外務省外交史料館所蔵の史料「満州事変与論並新聞論調輿論啓発関係第5巻」によると、新渡戸の出発の前日に米国大使の出渕勝次（1878-1947）は芳沢謙吉外務大臣に電報（1932年4月13日付）を送っている。「各方面ヨリ問合セニ接シ居ルニ付新渡戸博士渡米旅程至急御同電アリタシ」[5]と依頼した。新渡戸が外務省から送り出されたのならば受け入れ側であるはずの米国大使がこのように本国に問い合わせていること自体、新渡戸の渡米が外務省からの派遣ではなかったことの歴とした証拠である。当時、米国との協調に苦心する外務省の戦略の一環として、日本の大使や公使もアメリカで「啓発」活動にいそしんでいた。満州事変の背景と日本の立場を明らかにするため、米国の人々に向けてパンフレットの発行や講演活動に取り組んでいたのだった。その矢先にアメリカで抜群の知名度を誇る新渡戸渡米の知らせが届いた。米国の日本大使館や領事館が関心を寄せたのは無理もない。

　実際、アメリカの日本公館は日本外務省に新渡戸の講演の成果を逐一報告した。日本外務省外交史料館所蔵の史料「満州事変与論並新聞論調輿論啓発関係第7巻」にはシカゴ領事から第四十八代外務大臣の内田康哉（1865-1936）への電報（1932年9月29日付）が収められている。そこには「『シカゴ、カウンシル、オン、フォーレン、リレーションズ』午餐会席上同博士ノ満洲問題ニ関スル講演ヲ煩ハシタルニ多数ノ当地代表的人物出席シ我方ノ正当ナル立場ヲ了解セシムルニ多大ノ効果アリ」[6]との現地報告がある。シカゴ外交評議会（Chicago Council on Foreign Relations）での新渡戸の有意義な講演内容を強調するため、「博士ノ所説ヲ支持シ我方ニ有利ナル論評ヲ試ミタ」[7]地元紙『シカゴ・トリビューン（*The Chicago Tribune*)』の記事も電文に添付されている。この電報を含む一連の史料に目を通すと、新渡戸の渡米を機に彼と外務省とのつながりが緊密になっていく様子が見てとれる。

　新渡戸が約一年におよぶ米国滞在を終えて日本への帰国の途にある

1933年3月14日、ついに出渕勝次米国大使は内田康哉外務大臣に宛てて次のような「極秘」電報を送った。前掲の『日本外交文書昭和II期第2部第2巻』収録の「新渡戸博士による米国講演旅行の効果顕著につき同博士を起用して今後の対米啓発事業を推進すべき旨意見具申」というタイトルの電文には次のように記されている。

> 新渡戸博士ハ本使ノ内々探リタル処ニ依レハ此ノ種ノ事業ニ其ノ余世ヲ託スルノ決心有リ殊ニ同博士ナラハ夫人ノ関係モ有リ純粋ノ一学者トシテ米国内ニ居ヲトシ講演又ハ論文発表等ノ方法ニ依リ気長ニ此ノ種ノ事業ニ当ラシムル場合ニモ政府筋ノ宣伝手先ト看做サルル処モ無カル可キニ付此際同博士ヲ起用シテ対米啓発事業ノ一事ヲ引受ケシムル様至急御詮議相成度(8)

　これが日本外務省の画策である。この際に知識人として米国で名高い新渡戸を任命し、米国を拠点に言論活動に当らせようと申し送られている。彼の名声は政府関係筋の「宣伝手先」であることのカモフラージュになるという。実に、こうした計画は1932年の彼の渡米前ではなく約一年におよんだ彼の講演活動の影響力を認めたアメリカ赴任の外務省職員によって提案されたのだった。結局、上記は実現を見なかった。新渡戸は1933年9月に外務省から国際連盟の知的協力国際委員会委員に推薦されて、ジュネーヴ行きが確定していたのである。(9)（彼が同年10月にカナダで死去したため、この件も叶わなかった。）

　以上のことから、新渡戸のアメリカ行きが日本外務省からの要請によるものでなかったことが明らかであろう。だが、彼と外務省との関わりは彼の渡米後に密になった。外務省は彼の働きが日米関係改善の持ち駒になると踏んで彼との連携を求め、彼の活動の成果を省内で報告し合った。ゆえに、彼は職業外交官さながらにアメリカの日本公館をはじめ外務省の期待を一身に背負っていたのだった。公的な立場からけっして自由ではなかった微妙な立場は、本人が望んだものでなかったとはいえ、ときに活動や発

言を縛りもしたであろう。けれども、彼はアメリカ滞在の一年間さまざまな場面で民間人の立場を強調したのだった。

(3) 日本軍部強要説

三番目はやはり新渡戸を弁護する立場からの仮説で、彼が日本軍部から強要されて米国に向かったと捉える日本軍部強要説である。アメリカの歴史家ロバート・シドニー・シュワンテス（Robert Sidney Schwantes, 1922-）の英文著作『日本人とアメリカ人——日米文化交流百年史（*Japanese and Americans: A Century of Cultural Relations*）』（1955 年）に代表される。シュワンテスは新渡戸が日本軍部の指導者から強要されて半ば逃げるようにアメリカに渡ったと見る。同書は米国の外交問題や世界情勢に関する調査研究機関である外交問題評議会（Council on Foreign Relations）の研究成果の一つとして出版されたが、こうしたシンクタンクでさえも新渡戸の渡米の意図を取り違えている。

新渡戸がアメリカでの講演活動に自発的にあたっていたことを裏づける有力な資料は、日本外務省外交史料館に所蔵されている 1932 年 4 月 8 日発行の彼の外交旅券の「旅券交付書」である。そこには渡航先が「瑞西国」の「ジュネーヴ」、経由地がアメリカ・イギリス・ベルギー・フランスと記載されている。

なお、新渡戸の旅券が一般旅券ではなく外交旅券であったという事実は、先ほどの外務省打診説を主張する人が自説を補強するのに持ち出す格好の材料でもある。しかし、この交付書を注意深く調べると、逆にその事実は新渡戸の渡米が日本外務省や日本軍部からの差し向けではなかったことの証拠になる。つまり、そこには彼の肩書が「国際連盟労働事務局知的労働者保護委員会委員」と記されているのである。

ちなみに、一般に皇族・外交官・政府高官に交付される外交旅券の所持はかならずしも外交特権を保障せず、外交特権を得るためには渡航先の国から事前に受け入れが認められておかねばならない。しかし、管見の限り、アメリカ側が新渡戸の受け入れを伝える文書は確認できない。したがって、

彼の外交旅券は外交特権なしのものだったと見られる。彼は外務省の要請で外交官として派遣されたのではなく元国際連盟事務局次長として政府高官クラスに準ずる扱いを受けたと考えてよいだろう。

そのうえで注目したいのは、旅券の交付に際して新渡戸が貴族院議員など数ある当時の役職の中からあえて国際連盟の諮問委員会委員の役職を申請したことである。外務省の管轄内での職業外交官としての外交ではなく、かつての国際連盟事務局次長の経験を活かした、日本政府の国益を超えたところからの民間外交への意志がうかがえる。そういえば、彼が連盟を退職する際に贈られた言葉の中には、「あなたが平和のとりでの駐屯地である国際連盟を通過するときには、『友を通せ』と叫んで通行させます」(14)という文句があった。彼は国際連盟の「友」と高く評価されるまでに築いた連盟とのパイプ(15)を頼りにしていたはずである。

何より、日本軍部が「ジュネーヴ」を本拠地にする国際連盟の諮問委員の資格で新渡戸を派遣したとは考えにくい。当時の国際世論の形成に影響力を持っていた米国を足掛かりに、彼はいずれ欧州に活動拠点を広げるつもりでいたのではないか。彼の旅券はそのための切り札だったと解釈されるべきだろう。

さらに、新渡戸のアメリカでの言論活動が常に日米双方に向けられていたことも、軍部から渡航を命じられたわけではなかったことの動かしがたい証拠となる。アメリカ滞在中の彼の活動は講演だけにとどまらなかった。「編集余録」の連載をはじめ日本国内向けの新聞や雑誌にも寄稿しつづけた。後述するように、アメリカの人々との意見交換の中から学んだことを日本の人々に向けても発信していたのだった。もし彼が軍部のもくろみで強制的にアメリカに行かされていたのであれば、言論活動の軸足はアメリカだけに置かれ、日本に向けての著述活動を活発に行うはずはなかったであろう。彼の目的は民間外交にあったに違いない。

(4) 信念のくら替え説

四番目は新渡戸を批判する立場からの仮説で、彼の渡米を軍国主義や国

家主義への「転向」と結びつける信念のくら替え説である。浅田喬二の前掲の『日本植民地研究史論』に代表される。「満州事変を境にして、国際主義者としての側面を大きく後退させ、ナショナリストとしての側面を大幅に強化した」と、浅田は新渡戸の変節を強調する。

しかしながら、満州事変後に軍閥を批判した自らの発言によって当の軍国主義者から槍玉に挙げられていた新渡戸がそれまでの国際協調路線を国粋路線に急遽変更して渡米したと見なすのにはどうも無理がある。彼が日本軍部からにらまれるようになったのは、1932年2月初旬に向かった講演先の四国松山でのことだった。このとき、新聞記者に向かってオフレコを条件に極端な国粋主義を戒める話をした。地方紙『海南新聞』（現『愛媛新聞』）がこれを公にしてしまったために物議を醸し、後に一件は松山事件と呼ばれるようになった。彼の渡米の決心に少なからざる影響を与えた騒動の経過をしばらく追ってみたい。

『海南新聞』の報道（1932年2月5日付）によると、新渡戸は新聞記者の質問に答えて「共産党と軍閥が日本を危地に導く」ともらし、次のように語った。

> 近頃、毎朝起きて新聞を見ると、思わず暗い気持ちになって了ふ、わが国を亡ぼすものは共産党か軍閥かである。そのどちらが恐いかと問われたら、今では軍閥と答へねばなるまい。

無防備ともいえる軍閥に対する厳しい非難である。

このコメントが『海南新聞』に掲載された翌日から、日本軍部関係者や国粋者による「新渡戸博士の大失言糾弾の投書」が相次いだ。今でいうインターネットのサイトが炎上したようなありさまだった。その日の同紙社説（1932年2月6日付）は「軍部は今日、まさに祖国のために、満洲の荒野に生命をおとし、血をながして、その職責に殉じつゝあり」新渡戸の発言は不謹慎極まりないと言いつのる。「軍閥と称せらるるものがあるのかどうかも、疑問である」との見解も示す。その翌日の同紙社説（1932

年2月7日付）でも論調は一貫しており、次のように書きつけられている。

> 光輝あるわが帝国の軍隊を目して、極悪危険わが国体と、絶対に相容れざる共産党と同一視ししかもいはんや、その共産党よりは、むしろ一層軍部が国家の禍ひであるか如く公言するに至つては言語道断といはねばならぬ⁽²⁴⁾

　一地方紙とはいえ、半ば読者をけしかけるような書きぶりからは、軍部が幅をきかせる満州事変後の不穏な国内の風潮までもが伝わってくる。

　松山での騒ぎはやがて東京に知れ渡った。宮中で昭和天皇を補佐する機関の内大臣府（1945年に廃止）の秘書官長を務めていた木戸幸一（1889-1977）の日記（1932年2月25日付）には、「新渡戸〔稲造〕博士の軍閥攻撃演説が問題となり、黒木伯に真相を確めて貰ふ⁽²⁵⁾」⁽²⁶⁾と記されている。天皇の周囲も松山での一件を把握していたようである。

　東京の帝国在郷軍人会本部の在郷軍人評議委員会は松山での新渡戸の言葉は軍部を攻撃し、国の威信を傷つけ、日本を混乱に導くと抗議した⁽²⁷⁾。1932年3月3日に同委員会の代表は持病の神経痛が再発して入院中だった新渡戸を訪ね、事の真相を問いただす⁽²⁸⁾。その翌日には新渡戸は病院から帝国在郷軍人会本部に向かわされ、松山での談話の主旨の説明と謝罪を余儀なくされた。明けて5日のアメリカ有力紙『ニューヨーク・タイムズ』も在郷軍人評議会での新渡戸の謝罪を報じ⁽²⁹⁾、この件はアメリカでも広く知られるようになった。

　ところで、日本外務省外交史料館所蔵の外交史料「邦人ニ関スル警察事故取締雑纂」にはアメリカの日本領事館が帝国在郷軍人会での新渡戸の謝罪の実情を外務省に確かめる電報が収められている。管見の限り、この記録は新渡戸稲造研究でいまだ用いられたことのない新史料である。アメリカ総領事の堀内謙介（1886-1979）は芳沢謙吉外務大臣に次のような電報（1932年3月7日付）を寄せた。

六日 Foreign Policy Association 会長 James G. McDonald 本官ヲ来訪シ新聞電報ニ依レハ新渡戸博士ハ在郷軍人団トノ問題ノ為身辺ノ危機ヲ感シ居ラルル趣ナルカ同博士ハ多年国際平和ノ為ニ貢献シ殊ニ国際連盟太平洋問題調査会等ノ関係ヨリ米国ニ於テ大統領始メ「ウイルソン」内務長官其他各方面ノ有力者ニ知己多ク多大ノ尊敬ヲ払ハレツツアリ萬一同博士ニ危害加ヘラルルカ如キ事モアラハ当国指導者階級ノ対日感ニ由々敷影響ヲ与フヘク実ハ前記有力者間ニテ深ク憂慮シ居ル次第ナリト申出タル⁽³⁰⁾

　米国大統領をはじめとする政府関係者から米国外交政策協会をはじめとする非政府組織の関係者まで、新渡戸が在郷軍人会から謝罪を求められた件を警戒する声がアメリカであがっているという。この電報の後にも「新渡戸博士賀川豊彦拘禁説」⁽³¹⁾のうわさを聞きつけたアメリカの日本公館が本国に真相を聞くやりとりも行われた。拘禁説はあくまでうわさであった。だが、そのようなうわさが立つのは、軍部が新渡戸を含めた「穏健派」を抑えつけているという図式で当時の日本国内の政治情勢を捉える米国世論があったからだろう。
　片や日本の世の中は後に血盟団事件と呼ばれた連続テロ事件に見舞われていた。これは日蓮宗僧侶の井上日召（1886-1967）を盟主とする血盟団というテロリスト集団が政財界の重要人物をターゲットに起こした事件である。1932年2月9日には大蔵大臣の井上準之助（1869-1932）が暗殺され、新渡戸が帝国在郷軍人会で発言の釈明を求められた翌日の同年3月5日には三井財閥の合名理事長の団琢磨（1858-1932）が暗殺された。太平洋問題調査会理事長を務めた井上、そして同会会員だった団は、いずれも日米の親善に力を注いだ人物であった。満州事変自体がそうであったように、既成秩序を次々と破壊することで国内外の閉塞感を取り除いていこうとする風潮が蔓延していた。その渦中にとうとう新渡戸の身辺にも警護がつけられる事態となった。
　けれども、そうした状況のもとで新渡戸がもっとも恐れを抱いていたの

は自分の身体の安全ではなく、国粋主義や軍国主義の方向へと言論が統制される社会の行く末であった。彼は自分への誹謗が騒がしかった最中に「編集余録」に英文所感「言論の自由（"Freedom of Speech"）」（1932年2月10日付）を発表した。「他人の口をふさぐことは、自分自身の耳をふさぐことである（『全集』16、314）」と一喝する。たしかに、人の口を押さえて言論を抑圧することは、自分の耳に栓をして自らの見識を狭くすることだ。身をもって言論統制の弊害を知った彼の果敢な訴えである。

新渡戸の口をふさごうとする帝国在郷軍人会の思惑はあえなくはずれた。後述するように、この所感の発表からおよそ一カ月後には彼はアメリカ行きの決意を友人に打ち明けている。排斥的で敵対的な姿勢を構えて国際社会で孤立していく日本に、新渡戸の危機感はますます募っていった。

結果として、松山事件は新渡戸を軍部に追従させるどころか軍部に対する従来の抵抗の姿勢や国際協調への信念をかえって強め、渡米の決断の最後のひと押しをしたのだった。彼が軍国主義や国家主義にくら替えする余地などどこにもなかったと見てよいだろう。

(5) 対話の道筋の確保説

以上の四つの説では新渡戸の渡米の意図は昭和天皇・日本外務省・日本軍部などの体制の擁護だったという結論に達する。しかし、いずれの説も彼の思索や活動の指針である肝心のクエーカー信仰を考慮に入れておらず、渡米の動機を決定づけているとはいえない。

ここで新たな仮説、対話の道筋の確保説を提示したい。筆者は新渡戸が米国に向かったのは人間の相互理解の架け橋になるというクエーカーとしての使命を貫くためだったと考える。新渡戸の志はアメリカ到着直後に発表された「編集余録」中の英文手記「旅行者への励ましのアドバイス（"Cheering Advice to a Traveler"）」（1932年5月1日付）に凝縮されている。ここには架空の人物ながら新渡戸の分身でペルソナの「翁」が登場する。「翁」は新渡戸に次のような言葉をかけて、渡米する新渡戸を励ましている。

およそ五十年前に私はとても辛い使命を背負ってある国に派遣された。赴いた国はまったくの暗闇に映った。何とか目を凝らして、自分を導き慰める光を見いだそうとしたのだ。だけど、光は見えず、心が沈んで諦めたくなった。すると、「行きなさい、あなたの内なる光に従って！」という神の声が届いたんだ。おおいに勇気づけられたよ。なぜなら、自分の胸の内には一切の私心や野心がないことにあらためて気がついたから。「私の心は純粋で十歳の少年の無垢の強さがある」と独りつぶやいてみたのさ（『全集』16、350）。

「翁」が五十年前に派遣されたある国とは、年数こそ計算が合わないが、新渡戸が1911年に日米交換教授として約九カ月滞在したアメリカを指していると見なしてよい。カリフォルニアで起こった日本人移民排斥運動をきっかけに深刻化していた日米の友好関係を修復するために、当時の彼は講演を通じて日本への理解を求めていた。

日米交換教授時代には新渡戸は好意的な聴衆の反応を得て、講演活動に一定の手ごたえを感じていたと思われる。このときの成功体験は多少なりとも晩年の彼を気負い立たせもしたはずである。しかし、満州事変というゆゆしき国際問題を背景に、今回のアメリカ講演は反日感情の度合いや規模の点で日米交換教授のときとは状況がまったく違っていた。かつての「翁」のように、晩年の新渡戸にも太平洋の向こう側のアメリカには暗雲が垂れ込めているように見えたことだろう。成功など望めず、自分に対する反感がいっそう強まるであろうことは、彼自身がよくわきまえていたに違いない。そうした状況のもとで彼は謙虚に神の声に耳を傾けた。神から授けられた「内なる光」に従って、日米間の相互理解をもたらすという自らの務めを再確認できたのだった。

暗雲に覆われていたのは何もアメリカ側だけではなかった。松山事件以降は行きすぎた軍国や国粋の勢力に警鐘を鳴らして国際協調を説く新渡戸は日本の人々からも露骨に非難された。列強国に媚びているとして、「ア

メリカ人」という悪口まで浴びた。満州事変以来揺らぐ日米間の橋を修復するという決断の背後で彼が相当な葛藤や緊張を抱えていたことはぜひとも記憶されるべきである。

　それでも、新渡戸が沈黙を守って人からのそしりをひたすら耐え忍ぶことができたのは神に対する信頼のたまものだろう。前掲の『世渡りの道』にも彼のよりどころが次のように言い表されている。

　　世間で褒めるとも貶すとも顧はない。神の同情を得ればよい。人生は神と自分との間の関係で、人間の関することでない。ヨシ世人が捨てゝも、神と結び着いて居ればよい。人間の反感を買ふても、神の同情を受くればよいと、此だけの覚悟があれば、世の同情を受けなくも安心がある（『全集』8、345）。

　孤独な働きを強いられる中、新渡戸は自分の志の真意が神に届いていることだけを支えに渡米を決したのである。

　新渡戸が渡航の直前に佐藤法亮に送った前掲の書簡には、その一念がつづられている。手紙の結びに「国を思ひ世を憂ふればこそ何事も忍ぶ心は神は知るらん」としたためた。この歌には日本の行く末を心から憂える切迫と、その日本の軌道を修正するために生涯をかけた挑戦に奮い立つ気迫とが詠み込まれている。国のため、世界のため、神のため、七十歳の彼は最後の奉仕とアメリカ講演旅行を決断したのであった。

　こうして米国に渡った新渡戸の足跡を次の表2「アメリカでの新渡戸稲造の言論活動」に示した。このスケジュールは彼が日本の立場を正当化するためだけに活動していたのではない証明にもなるだろう。

　もともと、新渡戸のアメリカ滞在は事前に一年間と見込まれていたのではなかった。当初六カ月だった講演旅行の予定は、カリフォルニア大学（University of California, Berkeley）から日本文化についての特別講義を担当するよう頼まれて途中で延長され、その結果一年に及んだのだった。このほかにもスケジュールは行く先々で組み込まれ、調整されていった。

表2：アメリカでの新渡戸稲造の言論活動

日付 （年／月／日）	活動 「講演原稿」／『講義録』
1932/4/14	横浜出港
1932/4/27	サンフランシスコ着
1932/4/28 -1932/5/5	サンフランシスコにて領事館訪問 各所講演
1932/5/6	大陸横断鉄道でニューヨーク着
1932/5/7	ニューヨークで『ニューヨーク・タイムズ』紙の取材
1932/5/8	ニューヨークCBS局でラジオ演説：「日本と国際連盟（"Japan and the League of Nations"）」（『全集』15）[37]
1932/5/20	ニューヨークWOR局でラジオ演説：「日本の望みと恐れ（"Japan's Hopes and Fears"）」（『全集』23）
1932/5/21 -1932/5/31	ニューヨーク各所で講演
1932/6/1	駐米大使の出渕勝次とともに米国大統領ハーバート・フーヴァーを訪問 米国国務長官ヘンリー・スティムソンを訪問
1932/6/2 -1932/6中旬	ワシントンD.C.各所で講演 地元の有力者と意見交換
1932/6中旬 -1932/7/26	フィラデルフィアで休養 ハーバーフォード・カレッジより名誉学位受理（7/11） ウエストタウン高校卒業式に来賓参加 クエーカーの集会で講演
1932/7/27	マサチューセッツのウィリアムズ・カレッジに到着 ウィリアムズタウン国際政治学会にて四週間講義、基調講演 基調講演：「国際協力の発展（"Development of International Coöperation"）」（『全集15』） その他講演：「日本の政治原則（"Basic Principles of Japanese Politics"）」（『全集』15）
1932/8/20	ウィリアムズ・カレッジでの講義の最終週にCBSラジオ演説のためニューヨークに一時滞在：「日本と平和協定（"Japan and the Peace Pact: With Special Reference to Japan's Reaction to Mr. Stimson's Note Regarding the Pact"）」（『全集』15）
1932/8下旬	カナダのオタワ到着 地元の政治家と意見交換 トロントで新聞取材
1932/9	シカゴ外交評議会にて講演

日付 (年／月／日)	活動 「講演原稿」／『講義録』
1932/10/5	カリフォルニア到着 カリフォルニア大学で二カ月におよぶ十九回の講義：『日本文化講義――日本人と日本文化の発展についての概説 (Lectures on Japan: An Outline of the Development of the Japanese People and their Culture)』(『全集』15)
1932/12/2	カリフォルニアのリバーサイドに到着
1932/12/11 -1932/12/16	第十回国際問題調査会に参加 講演（12/13）：「国際家族における日本の位置（"Japan's Place in the Family of Nations"）」(『全集』23) 講演（12/15）：「日本における東洋と西洋の融合（"Blending of the East and West in Japan"）」(『全集』23)
1932/12 下旬	カリフォルニアで休養
1933/1 初旬	オレゴンやワシントンの各所で講演
1933/1/13	シアトルのワシントン大学で講演 フェアモント・オリンピックホテルでのシアトル日本協会総会で講演「国際場裏における日本」
1933/1/17	日米親善への新渡戸の努力を讃えるワシントン州議会の決議に対して返礼の演説
1933/1/18	シアトルからカナダのバンクーバーへ向かう途中にベリンハムのティーチャーズ・カレッジで講演
1933/1/19 -1933/1/20	バンクーバーのカナディアン・クラブで講演 ブリティッシュ・コロンビア大学で講演 スティーブストンの日本組織で講演 三十分のラジオ演説
1933/1/21	バンクーバーからロサンゼルスへ出発
1933/2/12	南カリフォルニアの日系人会で講演 パサデナの国際問題調査会で旅行中最後の講演：「一日本人のエイブラハム・リンカーンへの賛辞（"A Japanese Tribute to Abraham Lincoln"）」(『全集』15)
1933/3/1	南カリフォルニア大学から名誉学位受理
1933/3/6	サンフランシスコ出港
1933/3/24	横浜到着

カリフォルニア大学での二カ月間の日本文化講義に加えて、新渡戸はウィリアムズタウン国際政治学会（Williamstown Institute of Politics）でも一カ月間の特別公開講義を手がけている。講義以外にも、大学・学会・宗教団体・州議会・商工会・日系人会などさまざまな組織からの講演依頼に応じ、各地を飛び回った。人生初の英語講演で緊張のあまりがたがた震えていた青年時代の面影はもはやなかったであろう。晩年のアメリカ講演旅行中の講義や講演の数は百回を超えている。[38]

注意すべきなのは、アメリカでの新渡戸の講義や講演のテーマがかならずしも満州事変関連に限定されていないことである。残された講義や講演の原稿を見ると、日本文化論や国際協調論をはじめテーマは多岐にわたっている。前掲の「米国の対日態度に就いて」によると、彼の講演活動の目的は「米人が日本人を如何に観察するか、国民性を如何に理解するか（『全集』4、467）」に焦点を絞り、「国民の性格に対する信用（『全集』4、468）」を高めることだった。彼は満州事変問題だけを重点的に扱うのではなく「日本の歴史に遡り、或は広く日本の国情に行渡つて説明をなせば其方が寧ろ永遠的の価値が多い（『全集』4、468）」と考えていた。彼の最大の関心は日本の歴史や文化的背景についてアメリカの人々の理解を深めることであった。後で実際の原稿を読み解きながら、この点をさらに明らかにしていきたい。

なお、管見の限り、外務省をはじめとする何らかの日本の組織が新渡戸のアメリカ滞在費用を計上した資料は見当たらない。[39] 後述するように、必要経費は渡米後も継続していた大阪毎日新聞社の連載の原稿料や顧問料、[40] そして米国で担当したシリーズものの講義の報酬などからまかなわれていたはずである。資金面からも有力なスポンサーの存在を確認できないことによっても、彼自身の意志に基づいた渡米だったことの確度は高まる。

ラジオ演説や新聞取材を精力的にこなす一方で、新渡戸は有力者たちとの対談も意欲的に行った。英文記事「日本の学者フーヴァー大統領に謁見——ホワイトハウス訪問記（"Japan's Savant Meets President Hoover: Dr. Nitobe Gives Account of his Visit to White House"）」（1932年6月4

日付）は米国第三十一代大統領ハーバート・クラーク・フーヴァー（Herbert Clark Hoover, 1874-1964）との1932年6月1日の会見の様子を伝えている。新渡戸は信仰を同じくするクエーカーのフーヴァーに向かって開口一番に「どの組織にも属さない私人として参りました（『全集』23、365）」と告げた。この会見の直前の同年5月15日に日本では武装した海軍の青年将校が内閣総理大臣の犬養毅（1855-1932）を殺害するという五・一五事件が勃発していた。フーヴァーがこの事件の成り行きに深い懸念を示したとき、新渡戸には返す言葉もなかった。新渡戸にできたのは、武力で国を動かそうとする勢力にはなびかない日本人もいるのを印象づけることだけであった。

　同日に新渡戸は米国国務長官ヘンリー・ルイス・スティムソン（Henry Lewis Stimson, 1867-1950）にも会っている。日本国立国会図書館の憲政資料室所蔵のスティムソンの日記には新渡戸の率直な発言の記録がある。目下の一種病的な興奮状態が冷めれば、軍部に圧迫されている日本の自由主義勢力は必ず勢いを取り戻すと、新渡戸は希望的観測を述べたそうだ。[41]少なくともフーヴァー大統領やスティムソン国務長官との会談では新渡戸の主眼は日米の人々の相互理解を深めるための民間外交に置かれている。

　ところで、新渡戸がアジアからの移民の入国を全面的に禁止する規定を含むアメリカの1924年移民法（Immigration Act of 1924）、いわゆる「排日移民法」の成立に断固として抗議したことは有名である。既出の「米国の対日態度に就いて」によると、彼は「排日移民法案の行はるゝ間は二度と米国の土地を踏まぬ（『全集』4、455）」と宣言した。欧州と日本を往復する際にはアメリカ経由を避けてインド経由で航海し、米国の各種組織からの依頼や招待もすべて辞退するほどその決意は固かった。自らを広告塔とした抗議は、日米関係を険悪にするアメリカの頑なで閉鎖的な姿勢に向けられていたと考えられる。注目したいのは、最終的にその宣言をもひるがえしてしまった「太平洋の橋」としての彼のなみなみならぬ意志である。

　晩年の新渡戸が宣言を撤回して渡米したことについては、簡単に誓いを

破ったと否定的に解釈することもできよう。だが、かつての宣言を取りさげることで失う面目も顧みることなく日米の対話の道筋の確保に努めたのだから、この行動はむしろ積極的に評価されるべきである。新渡戸は両国関係のねじれを分析し、日米の人々が鏡で写し合うようにたがいを見ては強硬な態度をエスカレートさせていることが原因だと突き止めていた。彼は今回の満州事変後の日本の閉鎖的な姿勢が前回の「排日移民法」がもたらした以上の軋轢を生むことを恐れた。今度の局面は国際社会での日本の孤立を加速させ、日本の国粋化や軍国化に拍車をかける致命的な事態だと見なしたのである。この緊急事態を打開するためにこそ、たとえ面目がつぶれても、双方の国の人々の不信感や反感を解きほぐすパイプ役に徹する覚悟をしたのだった。

　新渡戸の当時の危機意識を伝えるコメントの一つに、「私は一番ひらたく言ひあらはすと日本の国が他の国々から嫌はれて誤解されてゐるといふことだと思ひます」(42)という言葉がある。彼は日本がよその国から嫌われ誤解されることをただ心配していたのではない。彼が気をもんでいたのは、そのことによって日本がますます強硬姿勢を募らせて他国との対話のチャンネルを閉ざすことであった。

　新渡戸の不安は一年間のアメリカ講演旅行から日本に帰国後間もない1933年5月31日に同志社大学の学生に向けて行った英語講演「日本の未来と同志社の使命（"Japan's Future and the Mission of the Doshisha"）」にも表れている。彼は満州事変後の難局を突破するためのアプローチについて次のように語りかけた。

　　この非常時の日本の世論を導くのにふさわしいのはどんな人でしょうか。その責務は外国の状況や文化に精通した人々に委ねられねばなりません。幸いにも、あなたがたはアメリカをはじめとする欧米の思想や文化に深い理解のある学校で学んでいます。みなさんのような学生の中から指導者が現れなければ、この国は封建時代に逆戻りしてしまう危険があるのです。(43)

　新渡戸は日本が国際社会で孤立するのを阻止することが最優先事項だと考えていた。日本が開国以来築きあげてきた国際社会との関係を断絶し再び内向きの時代に舞い戻るのを危ぶんだ。明治国家が世界に開いていったのに合わせて自分自身を世界に開いていった彼にとって、事態は人一倍切実だった。そして何より、クエーカーとしての信念に突き動かされて人間と文化の相互理解の架け橋になることを志す彼にとって、事態は自らの存在意義をも揺るがすものだったはずである。彼は米国をはじめ諸外国の人々との対話の突破口を確保する任務こそが神から与えられた使命だと受け止め、アメリカを目指したのだった。

3　満州事変にまつわる見解

　新渡戸が日米の間のくさびになろうと臨んだアメリカでの講演活動の中でだんじて見逃してはならないのは、満州事変問題に関しては日本の立場を一貫して弁護したことである。その満州事変論を見ていく前に、彼が満州事変前後の中国の動向をどのように把握していたかを見極めておきた

い。

　新渡戸の中国観の分析にあたっては三点の英文著述が重要な手がかりとなる。一点目は論考「中国の共和制の可能性（"China's Chance for a Republic"）」（1914年）である。彼は共同体をベースにした中国の地方自治がアジア初の共和制国家、中華民国の1912年の樹立につながったと考える（『全集』23、104）。同時に、そうした地方自治のありかたは国家の統一に弊害をもたらすかもしれず中国の民主主義をかならずしも保証しないと強調する（『全集』23、104-5）。結局、国家的統一の困難さという観点から中国の共和制存続の可能性を案じている。

　二点目は既出の『日本人の特性と外来の影響』の一節である。新渡戸は欧米留学経験者が多数を占める中国の若年エリート層、「ヤング・チャイナ」に関心を寄せながらも、海外の教科書をなぞらえた政治理論で武装しただけの若者が率いる共和制中国の政治に懸念を抱く（『全集』14、614-5）。中国は付け焼き刃の政治理念しか持ち合わせない青臭い革命の扇動者に引っ張られるのが関の山の未熟な国家だと捉えている。

　三点目は「編集余録」中の寓話「弟からの内省についての進言（"Brotherly Advice on Introspection"）」（1931年10月8日付）である。これは満州事変直後に発表された日中両国を擬人化したたとえ話で、兄である中国に対して弟である日本から助言を申し出る仕立になっている。弟は「あなたがこうむる苦しみは帝国主義のためでも、封建制度のためでも、不平等条約のためでもない。その苦しみは誤った家庭経営に由来するあなたの欠点のせいなのだ（『全集』16、272）」と兄に忠告する。弟は親身なトーンではなくとがめるようなトーンで兄に迫っている。弟の台詞を通して批判的に描かれるのは、政局が不安定な国内状況を自力で打開できない中国の人々の統治能力のつたなさである。

　以上の三つの文献からは新渡戸が満州事変以前から中国の人々の自治能力を疑問視していることが読み取れる。彼は中国の近代化の過程を外側から眺め、統治能力の不備を根拠に中国を国家と認めていない。革命運動や内乱の渦中に生きる中国の人々への共感を示せないのは、彼が文化や歴史

について無理解だからではなく、政治能力に焦点を当てているからである。

　たしかに、中国の国内状況は共和制の中華民国の建国以降も統一国家とはほど遠いものであった。地域ごとに勢力を張る軍閥の支配が依然として優勢であり、民族主義運動や民主主義運動も絶え間なく巻き起こった。中国にいわゆる「統一国家」が打ち立てられるのは、中華人民共和国が成立する1949年を待たねばならない。いうなれば、新渡戸はこのプロセスの初期段階を見ていたことになる。政局が不安定な中国に対する彼の認識は当時はいたって世間並みだったといえる。

　しかし、注目すべきは、同じ混乱期の中国をめぐって新渡戸とは別の見かたをしていた米国の哲学者ジョン・デューイ（John Dewey, 1859-1952）の見識である。デューイの見解に照らし合わせると、新渡戸の中国の評価を時代の制約のせいだけにできなくなる。デューイは新渡戸がかつて留学したジョンズ・ホプキンス大学出身で、二人の間には親交があった。1911年に日本側の日米交換教授を務めた新渡戸に対し、デューイは1919年に米国側の日米交換教授を務めている。同時代に活躍し学術的経験の上でも互角のデューイの中国観の特徴を明らかにして、新渡戸の中国観と比較してみたい。

　ジョン・デューイは日米交換教授として日本に滞在した後、その足で中国に向かい、1921年7月までとどまって十一省の大学で百数十回の講演を行っている。中国に到着早々の1919年5月4日に反日・反帝国を掲げて大衆が蜂起した五・四運動を目撃した。英文随想集『人間と出来事――社会哲学・政治哲学随想（*Characters and Events: Popular Essays in Social and Political Philosophy*）』（1929年）は彼の中国滞在中のエッセイをまとめたものである。そこには「欧米で国家の概念が形成されたのはほんの最近のことであるから、現在の中国の状況がそうした概念にぴったり当てはまらなかったとしても何ら驚くことではない」[44]と表明されている。彼は欧米基準の国家の枠組みに中国を押しこめてはいない。中国は中国の人々の主導権によって独自の方法や進度で国民国家を形成する途上にあると考え、引き続き時間を要する変革を見守ろうとするスタンスを示す。

同じ激動の中国を眺めてもジョン・デューイの観点と新渡戸の観点とは大いに異なっている。新渡戸は国家統一に手間取る中国をまさにそのもたつきのゆえに国家と見なさなかった。というのも、彼は近代西洋の国家のフレームから中国の人々の政治的能力を未成熟と判断していたからである。この点は彼のアメリカ観との関連で後に詳しく論じる。

　新渡戸がアメリカで行った満州事変問題についての講演は以上のような中国観に裏書きされている。彼の満州事変論のポイントは三点の主だった英語演説・講義の原稿から読み解くことができる。一点目は 1932 年 5 月 20 日に WOR 局（WOR Radio Network）を通じて行われたラジオ演説「日本の望みと恐れ（"Japan's Hopes and Fears"）」である。これはシリーズ放送「今日の日本（"Japan Today"）」の一部で、スポンサーはニューヨークの日本商業会議所であった（『全集』23、367）。新渡戸の回の放送原稿は 1932 年 8 月 4・5 日の両日にわたって『英文大阪毎日（*The Osaka Mainichi*）』に掲載された。

　ところで、筆者はそのスポンサーの背後には南満州鉄道株式会社のニューヨーク事務所があったと確信している。管見の限り、これは新渡戸稲造研究でいまだ議論されていない点である。1920 年に社債募集のために開設されたこの事務所はやがて同社の海外宣伝活動の拠点となった。南満州鉄道の社史『満州事変と満鉄上巻』（1934 年）によると、ニューヨーク事務所は満州事変以後に日本商業会議所の「実際上の指導及実行」[45]を引き受け、米国世論に向けて満州事変での日本の立場を説明し理解を求める「対米宣伝」[46]に取り組んだ。事務所は刊行物や映像（活動写真）のほか講演やラジオ放送などのメディアを駆使して宣伝活動に力を入れていた。現に、同社史には「事変当初ラヂオ放送局と契約し毎週一回新渡戸稲造博士、鶴見祐輔其の他をして前後十二回に互り継続放送せしめ其の後数回放送局の希望により放送せしめた」との記述がある[47]。ここには放送局の名は挙げられていない。だが、ニューヨーク事務所が日本商業会議所の事実上の運営を行っていたことを踏まえると、このシリーズ放送は同事務所によって段取りされたものと見て間違いないだろう。要するに、新渡戸はゲストの

一人として呼ばれたのだった。一市民としてアメリカで言論活動にあたりながらも、実際にはさまざまな組織の思惑に巻き込まれていたことになる。

さて、アメリカに到着して間もない新渡戸はそのラジオ放送でさっそく次のように明言した。

> いわゆる満州問題は日本が中国領土である満州の獲得を理不尽に要求する問題ではありません。我ら日本人が取得したいもの、主張しているものは、条約で保障されている権利の承認に他なりません。日本が国家として存続できるかどうかはその権利にかかっています。この点こそ満州問題が日本の「生命線」と呼ばれる主な理由の一つなのです。我々は名誉以外のすべてを賭けて当問題の解決に当ります(『全集』23、370-1)。

新渡戸は日本の「生命線」に触れる事態には自衛のための軍事行動は致し方ないと考えている。日本国家を維持するためにはしかるべき権利を行使するというのが彼の常套句であった。

二点目は1932年8月20日にCBS局(Columbia Broadcasting System)を通じて(二十六分間)行われたラジオ演説「日本と平和協定("Japan and the Peace Pact: With Special Reference to Japan's Reaction to Mr. Stimson's Note Regarding the Pact")」である。同年1月7日にケロッグ・ブリアン条約(Kellogg-Briand Pact)を守るよう日中両国に求めたヘンリー・スティムソンの声明への反論の場として、放送局が新渡戸に出演の機会を与えた。[48] (ケロッグ・ブリアン条約は1928年に多国間で締結された不戦条約である。国際紛争を解決する手段としての戦争を放棄し平和的手段で紛争の解決に当ることを定めている。日本は同年、中国は翌年この条約に調印した。)新渡戸によると、満州事変は中国の征服を意図したものではなく、神から与えられた日本国家の存亡を賭けたものであった(『全集』15、251)。さらに、彼は次のように議論の矛先を欧米に向けている。

アングロ・サクソン帝国の西方への進出と同様に、日本の満州進出も抗えない経済の勢いに基づいています。それは日本の生命線を探求するもので、かならずしも武力を伴うものではありません（『全集』15、247）。

新渡戸は日本の満州侵攻を「生命線」の探求と呼ぶことで神から与えられた使命になぞらえ、美化している。さらに、アングロ・サクソン帝国の西方への膨張も持ち出してきて、日本の満州進出は欧米の列強各国の国益追求と同じ趣旨のものだと言い募る。

三点目は1932年11月21日にカリフォルニア大学で行われた講義「満州問題と中日関係（"The Manchurian Question and Sino-Japanese Relations"）」である。これは新渡戸が担当した日本文化講義シリーズの一講義であった。彼は日本の満州権益への関心を安全保障のための戦略的関心と産業発展のための経済的関心の二つから説明した（『全集』15、227）。安全保障に関しては満州をロシアの共産主義勢力の侵入に備える日本の防衛の最前線として位置付ける（『全集』15、227）。加えて、中国政府が自力で満州の治安を守れないことと、内戦が続く不安定な中国の国内情勢が日本に飛び火する危険も強調する（『全集』15、232）。経済活動に関してはいかに満州が日本には乏しい石炭・鉄・石油などの鉱物資源や大豆かすなどの農業用肥料の原料を補うのに最適の土地であるかを説明し、満州を日本の「生命線」と見なす（『全集』15、232）。満州が日本の防衛と経済のための最重要の権益であることをじゅんじゅんと説いている。

以上三編からは国家の危機に際しては一時的な軍事行動も黙認する新渡戸の見解が明らかになる。ただし、彼は満州を含めた中国の侵略を公然と唱えていたわけではない。渡米前には政治家の尾崎行雄（1858-1954）らとともに国民軍縮同盟を結成して、「軍備過重の現状の非なるを高唱する」[49]声もあげていた。満州事変以前から軍国主義や国家主義には徹底して反対の立場を公表している。

実際、新渡戸は愛国という名のもとに私利私欲を満たそうとする人々に

嫌悪感を抱いていた。彼の嫌悪感は満州事変の翌日の1931年9月19日に「編集余録」に発表された英文所感「邪悪な舌（"Evil Tongue"）」にもぶつけられている。満州事変勃発の背後にある扇動や宣伝について、彼は次のように強く警告する。

> 不十分な根拠や誤った口実のもとに始まった戦争がこれまでいかに多かったかを心に留めようではないか。そうした戦争での勝利は侵略的なの国の歴史のページを永遠に真っ黒に塗りつぶすことになるのだ（『全集』16、263）。

新渡戸は関東軍が国民の愛国心に訴えるために使った「邪悪な舌」を鋭く見抜き、満州での軍の武力行使を批判している。彼がいみじくもその後の日本の「十五年戦争」の歴史を言い当てていることに驚嘆するばかりだ。

けれども、このように軍国主義や国家主義を牽制する立場と国家を揺るがす事態には一時的な軍事行動もやむを得ないとする先ほどの満州事変論の立場とのねじれはいったいどう理解すればよいのだろうか。新渡戸の内で二つの立場が矛盾なく並立したのは、暴力や暴政には反対だが国家のために不可欠な権益の確保には賛成するという論理による。

新渡戸の論理は当時日本で「自由主義者」と呼ばれていた人々の満州事変論にも通じている。国際政治学者の緒方貞子（1927-）は論説「国際主義団体の役割」で次のように指摘してみせる。

> 結局彼等もまた日本の軍事行動は中国の排日活動に対する自衛手段であると主張するに至ったが、中国権益の擁護拡大を願うナショナリストとしての立場が、リベラルとしては否定する軍事行動をついには支持しなければならない破目におとしいれたのであった。対外的に発言するにあたって、彼等はつねに中国の混乱状態を指摘し、日本のアジア制覇をアメリカの中南米制覇になぞらえてアジア・モンロー主義としてこれを正当化しようと試みた。その結果、彼等は日本の膨張政

策の「弁護者」とみなされることとなったのである。⁽⁵¹⁾

　新渡戸の満州事変論のねじれを考えるうえで、緒方貞子の指摘はおおいに参考になる。国内の自由や発展を守るという名目で、国外から加えられる脅威に対してすぐにも強硬な態度に出る傾向は新渡戸にもたしかに認めることができる。こうしてみると、当時「国家主義者」・「軍国主義者」・「自由主義者」と呼ばれた人々は満州の獲得という点では根本的に一致している。その点を何より裏づけるのは前掲の「日本と不戦条約」中の新渡戸自身の言葉である。日本が対外的な脅威にさらされるときには、政治的に異なる主義を持っている人々でもナショナリストとして一つにまとまると断言している（『全集』15、248）。また、前掲の「満州問題と中日関係」ではアメリカの聴講者に向けて「自国が対外的脅威に瀕する場合にはあなたがたはきっと武力行使も辞さないでしょう。我々だってそうなのです……（『全集』15、232）」と訴える。国家を守るためには日頃異議を唱える武力行使も容認せざるを得ないというのが「自由主義者」の弁明である。

　実に、満州事変問題に関する上記の三つの原稿のどれをとっても、「生命線」というキーワードが繰り返され、満州は日本にとって最重要拠点だと主張されている。一連の新渡戸の満州事変論には満州を含めた中国の存続よりも日本の存続を優先させようとする姿勢が鮮明である。

　新渡戸の言論はアメリカの聴衆の反日感情を増幅させた。米国の著作家レイモンド・レスリー・ブュエール（Raymond Leslie Buell, 1896-1946）による英文記事「新渡戸稲造博士への公開状（"An Open Letter to Dr. Inazo Nitobé"）」（1932年5月25日付）は新渡戸への批判の典型であろう。ブュエールは『ニュー・リパブリック（*The New Republic*）』誌に署名入りの一文を公表し、次のように苦言を呈する。⁽⁵²⁾

　　あなたのかつての経歴を知る者にとって、こうした発言があなたの見
　　解を正しく反映していると信じるのは心苦しい。あなたはクエーカー
　　であり、学者であり、哲学者である。七年にわたって国際連盟事務局

の高官の務めを果たし、国際協調の大義に忠実に奉仕してきた人だ。しかし、目下のあなたは日本が国際連盟の盟約や不戦条約に違反していることに明らかに無関心である。そうした取り決めに具体化されている原則にも共感を示していないではないか。隣国に苦情を有する国の政府は、少なくともそうした不平を国際法廷に申し出るまでは、武力の行使を差し控えなければならない。どうか、満州事変や上海事変についての「事実」が誤って伝えられているなどと私たちに訴えないでほしい。アメリカの人々やヨーロッパの人々はファシズムの検閲のもとにある日本の人々よりもはるかにしっかりと満州や上海での事実を把握しているのだから。(53)

　満州事変をめぐる新渡戸の言動は従来の融和的な態度に似つかわしくないというレイモンド・ブュエールの意見はきわめてまっとうである。だが、新渡戸は満州事変を境にクエーカー的な資質を失って視野を狭めて強硬姿勢をあらわにしたわけではない。彼はそれ以前もそれ以後も「クエーカーであり、学者であり、哲学者である」。彼の満州事変論の矛盾は日本人クエーカーとしての自己統合のもとで生み出されていたことに目を止めておきたい。

4　アメリカと中国を見つめる目

　新渡戸の満州事変論の根本的なほころびは日本人キリスト者としての価値観に端を発するとは考えられないだろうか。そのほころびのもとを突き止める重要な手だてとなるのは、彼が満州事変問題の当事国の中国ではなくまずもって米国の人々に向けて対日理解を訴えた背景を探ることである。彼はアメリカに対して特別な感情を抱いており、それが中国よりもアメリカとの協調を優先させた。アメリカや中国への彼のまなざしの奥には近代の日本人キリスト者としての自己統合の過程で形成された文明観や国家観を見てとることができる。

新渡戸の青年時代に芽生えた自主独立の国・公明正大な国、アメリカへの憧れは一生涯ついえなかった。事実、晩年の米国講演旅行から帰国後ほどなく行われた英語講演「いかにしてジュネーヴは誤ったのか（"How Geneva Erred"）」（1933 年）で、彼は「アメリカの最大の賞賛者の一人です（『全集』23、374）」と自認している。

　新渡戸はマシュー・ペリーがアメリカ艦隊を率いて日本に来航してから九年後の 1862 年に誕生した。開国後の日本の近代化と歩調を同じくして成長した新渡戸は常に進歩発展の指標をアメリカに求めていた。万延元年の遣米使節団の派遣から二十四年が経過した 1884 年、米国のジョンズ・ホプキンス大学に私費留学を果たした。この留学を機にクエーカー信仰を確立し、米国のクエーカーのメリー・エルキントンと出会い、1891 年に結婚した。また、1900 年には東西文化融合への願いを込めた著作『武士道』をアメリカの出版社に託す。その後、1911 年の日米交換教授の経験を通して太平洋の架け橋という使命を新たにすることとなった。アメリカとの絶えざる関わりのもとで物質的にも精神的にも絶大なる感化を得ながら、日本人キリスト者としての自己を築いていったのだった。

　中でも、新渡戸にとっての最大のインスピレーションは米国に脈打つ人格尊重の精神であった。日本でのアメリカ研究の先駆けの一冊『米国建国史要』[54]（1919 年）は日本初のアメリカ研究講座「ヘボン講座」での彼の講義をまとめた書物で、そこには彼が受けた感化が刻み込まれている。この講座は米国の銀行家アロンゾ・バートン・ヘボン（Alonzo Barton Hepburn, 1846-1922）が東京帝国大学法科大学に提供した基金によって 1918 年に同校で開設された。新渡戸は植民地創設からの米国史を担当した。ちなみに、米国憲法の講義を憲法学者の美濃部達吉（1873-1948）が、米国外交の講義を政治学者の吉野作造（1878-1933）が担当している。新渡戸は講義でアメリカに脈打つ精神を次のように説明した。

　　新時代の合言葉として普く世界に唱道せらるる民主、民本説の如きは、その根元は、国々各々趣を異にするにしても、その運用に於ては米国

を以つて好例とするではないか。人爵を以つて社会上下の尺度とした旧世界に対し、天爵一点張りで押し通す米国風は、人間の評価法を変へんとするものであるから、旧思想に取りては、如何にも危険であらうが、人生の如実の形相に目覚め、価値の標準を真理に求めやうとするものに取つて、それは、絶えず世界の刺戟と「インスピレーション」とを与ふるものと感ぜられずには居ない（『全集』3、21）。

　新渡戸はイギリスの植民地統治から独立を勝ち取ったアメリカを欧州の旧世界のしがらみから自由で人として守るべき道を歩む国と仰いでいた。彼がその国から学びとったのは、社会階級である「人爵」ではなく、人格という「天爵」に従って人間や人生の価値を追求する民主主義のみなもとである。キリスト教国アメリカの精神は彼自身の精神の近代化の生きた教材となった。そうしたアメリカ像こそが祖国日本と第二の祖国アメリカとの間の相互理解への思い入れを強め、晩年の渡米の動機にも結びついた。
　しかしながら、新渡戸が賞賛する「アメリカ」は、あくまでイギリスやアイルランドの文化圏の流れを汲み、英語を公用語とする白人主流派のアングロ・サクソンが大勢を占めるアメリカだということも忘れてはなるまい。『日本国民』の一文はその点を裏づける。彼はアメリカ精神を「建設的で、頑強で、常に『内なる勇気と頭上の神を抱き』[55]果敢に奮起して進む、止まる所を知らないアングロ・サクソンの精神（『全集』13、277）」と率直に言い表している。結局、彼にとってのアメリカ的なものはキリスト教文明に根ざす近代の西欧から脈々と連なるアメリカの価値観に他ならない。それは北西ヨーロッパ出身で米国建国の担い手である白人（White）、アングロ・サクソン人（Anglo-Saxon）、プロテスタント（Protestant）のWASP（ワスプ）の価値観にも通じていく。アメリカの原住民や少数派民族の価値観は含まれていない。
　あらためて考えてみると、新渡戸は統治力のあるアメリカとの対話は重要視したのに、統治力に乏しい中国との対話の必要性には目もくれなかった。洗練されたアメリカの文明を謙虚に吸収しようとしたが、粗雑な中国

の文明からは熱心に学ぼうとはしなかった。彼が築こうとした太平洋の架け橋の土台は堅固であるが、反対に東シナ海の架け橋の土台はもろい。

　欧米を基準とする新渡戸の物差しでは、国内秩序が保たれておらず、いまだ国家統一へのプロセスをたどる当時の中国を国家、厳密な意味では文明国と見るわけにはいかなかった。満州を含む中国の保全や国益をないがしろにする彼の認識の問題点は、彼がその頃の中国を国家と見なす価値基準を備えておらず、中国を文明後進国と位置付けていたところにある。こうして彼の中国観やアメリカ観を検証してみると、彼の満州事変論の弱点は彼の国家観や文明観の弱点だということがわかってくる。統治システムがうまく働いている文明先進国のアメリカは羨望の的になるが、逆に統治システムが当てにならない文明後進国の中国は批難の的になる。

　結果的に、国家の秩序の有無を文明の有無と連動させる新渡戸の価値基準は、キリスト教文明をバックボーンとする近代の西洋諸国の基準に倣うものである。人間の知的・政治的能力の成熟度を引きあげることによって人間性の完成度も高められるという、人間の進歩向上を大前提とする価値基準である。前述のとおり、彼の場合はクエーカーの「種」への信仰を通して人間の能力の成熟度と人格の完成度とが混同され、価値基準のもとがひとつながりになっていた。したがって、満州事変にまつわる彼の言論はクエーカー的資質を後退させて生れたものではなく、むしろその信仰に深く絡みついている。

　実に、新渡戸の満州事変論の問題点は単なる日本の体制擁護ではなく、もっと根深いところで探り当てられるべきである。古今東西の文献に通じていた彼ほどの思想家でも自分の価値観の核心部分が近代西洋の規格に沿うものだという自覚はさほどなかったと思われる。あるいは、キリスト教信仰と結びついている価値観をことあるごとに問いただして自己の根幹にいちいち揺さぶりをかけることを無意識のうちに避けていたのかもしれない。どちらにせよ、国家間や文明間に横たわる多様な利害関係の調整を一律の価値基準にのっとって行うことは真の国際協調の精神に反する。

　新渡戸の満州事変論はそれほどまでに深刻な問題をはらんでいる。近代

西洋をスタンダードとする一極の価値基準は、さまざまな勢力が共存できる多極的な国家を目指していた近代中国の国家統合の試行錯誤の過程を捉えきれない。そのような規範には中国と日本の間の国家形態や文明の発展段階の違いを根拠に中国の人々の政治や文明の成熟度、場合によっては人としての成熟度までもをさげすむ危険が潜んでいる。日本が満州を監督して極東地域の安全を守っていくという理想をまかり通していた新渡戸の価値判断のひずみを肝に銘じておかなければならない。

5 「太平洋の橋」としての言論活動

　満州事変をめぐって日本の立場の弁護に徹した新渡戸の発言と日米の人々の相互理解の架け橋になるという彼の願いは、相反しながらも相並んでいる。その点を踏まえて、晩年の彼の講演活動の目的や方法を冷静に評価したい。クエーカーの彼が生涯を通じて辿り着いた思想と実践の価値は、①人間理解の探求・②矛盾を受け止める覚悟・③人類の調和への展望の三点に見いだせる。

　第一に、文化・学術交流による人間理解の推進は新渡戸の活動の真骨頂である。大学や学会をはじめさまざまな日米関係の組織が主催した百回を超える講演や講義の多くは、満州事変での日本の正当性を吹き込むためにアメリカの人々だけを視野に入れたものではなかった。文化・学術の交流を進めるために日米の人々、そして世界の人々を視野に入れたスケールの大きなものであった。

　実際、1932年7月末から8月の間にウィリアムズタウン国際政治学会で行われた前掲の基調講演「国際協力の発展」は新渡戸の試みの趣旨を裏づけている。彼は「武力によって維持される平和はほんとうの平和ではありません。それは戦争よりも道理にそむくものです（『全集』15、320）」と主張した。霊と真理をもって国際平和を実現させていくという点を強調する（『全集』15、320）。「霊と真理」という言葉に彼の生きたビジョンが集約されている。彼は人と人が霊的な関係を大切にする中で真の融和が生

み出されていくと信じていた。つまり、文化や学術の交流を通して心の奥底から他者を理解することが「ほんとうの平和」を築いていく原動力になると信じていたのだった。

新渡戸は人間関係を内側から変えるきっかけを作りだすことを目指していた。前掲の『日本』でもキリスト教が説く他者への共感や理解の意義は宇宙のもとでの精神的な結びつきだと述べている(『全集14』、381)。文化・学術交流の実践はすべての人に備わる人格的尊厳の「内なる光」を見つめつづけた彼の祈りである。

新渡戸の信念は死去する約二ヵ月前の1933年8月14日にカナダのバンフで行われた太平洋問題調査会会議の開会晩餐会での英語講演("Text of the Address as Actually Delivered by Dr. Inazo Nitobe, at the Inaugural Dinner, at the Banff Conference, August 14, 1933")にも言い表されている。「日本政府と中国政府の間には相違もございます。それはまぎれもない事実です。しかし、私たちは人間対人間の次元でけっして悪意を抱いておりません(『全集』15、304)」と、彼は力を込めて述べた。満州事変をめぐって緊張関係にある日中両国の出席者に向けて、国家や国際社会の枠組みを乗り越えた人間の相互理解を呼びかけている。草の根レベルの太平洋問題調査会の活動でも、国際レベルの国際連盟の活動でも、彼は一貫して人と人の連帯と協力を模索していた。

文化・学術交流を通して人間理解を推し進めることの尊さは、第二次世界大戦後の1946年に発効した国際連合教育科学文化機関憲章(ユネスコ憲章)の前文にも掲げられている。(日本は1951年にユネスコ憲章の当事国となった。)そこには「戦争は人の心の中で生まれるものであるから、人の心の中に平和のとりでを築かなければならない」[58]と明記してある。くしくも、新渡戸は国際連盟事務局次長時代の1921年にこの憲章を掲げる国際連合教育科学文化機関(ユネスコ)の前身の国際連盟知的協力国際委員会の創設に携わった。[59]連盟のアドバイザーの一つである同委員会の幹事長として、彼はマリ・キュリーのほかにフランスの哲学者アンリ゠ルイ・ベルクソン(Henri-Louis Bergson, 1859-1941)や後にアメリカに渡った

物理学者アルベルト・アインシュタイン（Albert Einstein, 1879-1955）などそうそうたる世界的学者を束ねていた。アメリカ滞在中の上記の講演「国際協力の発展」でもこの委員会の意義に触れて、「人間精神の武装を解き、国際協調精神を養う責務（『全集』15、319）」にのっとるものと説明した。各国の文化的・学術的交流によって人の心の軍縮を目指し、心の中に平和の砦を築こうとする彼の平和構築の理念と手法は、ユネスコ憲章にも脈々と引き継がれていると見てよいだろう。

　第二に、新渡戸の活動の意義は日米双方の人々をターゲットにしていた点にある。日米間だけでなく日本国内で対立する人々の対話の経路をも開こうと努めたのだった。

　とりわけ、新渡戸が日本の人々に向けてアメリカ見聞録を発信していたことを忘れてはならない。その頃に連載を担当していた『英文・大阪毎日および東京日日新聞（*The Osaka Mainichi & The Tokyo Nichi Nichi*）』紙上の英文コラム「編集余録」の表題の変更に彼の意図が読み取れる。なお、1922年発刊の『英文大阪毎日新聞（*The Osaka Mainichi*）』は1925年より『英文東京日日新聞（*The Tokyo Nichi-Nichi*）』を合併し、新聞名を併記していた。『英文毎日新聞（*The Mainichi*）』に名称が統一されるのは、母紙である大阪毎日と東京日日の社名統一が行われた1943年のことである。

　新渡戸は全米講演旅行の間だけ「編集余録」を「アメリカ見聞録（"What I am Learning in America"）」と改題し、米国から日本に原稿を送りつづけた。実際のアメリカ滞在期間とはややずれるが、1932年6月17日から翌年4月8日までの記事が見聞録に含まれる。この改題には自らがアメリカで学びつつあることを日本の人々に伝えていこうとする彼の思いがこもっている。

　また、新渡戸が1933年1月11日から十日間連続で『大阪毎日新聞』紙上に発表した連載コラム「アメリカの脈を執る」も日本の読者向けのアメリカ見聞録である。（これは1933年1月14日から十回シリーズで『東京日日新聞』紙上に掲載された「アメリカの真顔横顔」と同一内容であった。）彼はこの「アメリカの脈を執る」の最終回で米国社会は「思想家を寛大に

第5寄港地 満州事変後のアメリカ講演　147

取扱つてゐる」とリポートしている。言論の自由が比較的保障されているアメリカに比べ、「日本は厳重に取締まりを実行して果たして思想を健全に善導するものか会得出来ない」と、日本での厳しい思想の検閲に疑問を投げかける。最後に、「今後もこの国の進歩にはたゞに物質に限らない精神的にも著しい発達をして世界人類に貢献し得るものと思はれる」と米国社会を讃えて、一連の連載を結んでいる。アメリカの物質的成熟ではなく思想や信条の発表という人々の精神的成熟への視線は、彼の関心が絶えず人間の奥深いところ、すなわち人間の「内なる光」の尊厳に向かっていたことの表れである。

　このように見ると、新渡戸が「裏アジェンダ」とでも呼べるもう一つのねらいを持って米国で言論活動に臨んでいたことがわかる。行き詰った日本社会に風穴を開けるため、彼は閉鎖的な思考から脱して視野を広げるヒントを率先して米国から学び取ろうとしていた。満州事変後に日本国内の異なる主義主張相互の対話の道筋をも確保しようとした彼の努力は従来の研究では見落とされてきたが、この点はもっと議論されるべきだろう。米国滞在中の日本向けの言論活動のベクトルは彼が米国世論だけを教え導くために渡米したのではないことを裏づけるからである。

　新渡戸の真意はアメリカ行きの決心をする前に記した「編集余録」中の英文手記「敵は友になる（"Our Enemies will Become our Friends"）」（1931年12月6日付）にもさかのぼることができる。ここには先ほども紹介した新渡戸のペルソナである「翁」が1868年の戊辰戦争の体験を新渡戸に語るひとこまがある。倒幕側に属していた当時二十歳の「翁」青年が幕府側の勢力をさげすんで暴言を吐いていたとき、ある人が次のように「翁」青年を叱った（『全集』16、280）。

　　若者よ、幕府側の人たちを目の敵にして中傷してはならない。たしかに、幕府側の人間は国を裏切る者と見なされている。だが、その人たちが我らの同胞で良き臣民であることに変わりはないのだ。戦争は長くは続かない。戦争が終われば、幕府側の人々は我らの友となり、国

の再建という大がかりな仕事のためにともに働く仲間となる。平和なときに恥と感じるような言葉を戦時中にも浴びせるものではないぞ(『全集』16、280)。

　幼少期に盛岡で目の当たりにした戊辰戦争から得た教訓だけでなく、新渡戸は尊敬してやまなかった米国第十六代大統領エイブラハム・リンカーン(Abraham Lincoln, 1809-65)の「我々は敵ではなく友である」[(66)]という言葉を「翁」に語らせたに違いない。アメリカ滞在中の最後の登壇となった国際問題調査会 (Institute of International Affairs) での講演「一日本人のエイブラハム・リンカーンへの賛辞（"A Japanese Tribute to Abraham Lincoln"）」(1933 年)でもリンカーンのこの格言に触れている(『全集15』、330)。「翁」が受けた戒めは、新渡戸が自らに与え守った戒めだったと思われる。自分の考えかたからもっとも遠いところにいる人々を敵として排除するのではなく、そうした人々をこそ共に平和な国と世界を築く「友(フレンド)」として受け入れようとする新渡戸の姿勢がこの文章からうかがえる。
　新渡戸の養子でジャーナリストの新渡戸孝夫(1892-1935)は手記「新渡戸博士の心境を想ふ」(1933 年)で父の心構えを次のように証言する。

　　博士が在郷軍人会代表に向つて謂はゆる説明を行つたとき、博士を動かしたものは決して恐怖でもなければ憎悪でもなく、博士自身と同様に国民の幸福を念願とする真剣な人々に対する愛情と尊敬とであつた。[(67)]

　まさに、「敵は友になる」。松山事件を機に帝国在郷軍人会からの攻撃の標的となっても、新渡戸は在郷軍人会の人々を敵ではなく友と見なした。彼は国際協調路線が正しい善であり軍国路線が邪な悪であるというような二項対立的なものの見かたが亀裂を深刻にすると心得ていた。彼には主義主張よりも神の意志に沿った生きかたそのものが大事であった。そこで、

彼は対決姿勢ではなく包容力をもって自分とは相容れない立場にいる軍国主義者らにも向き合い、満州事変後の日本の危機をともに乗り越えていこうとしたのだった。

既出の『内観外望』の次の一節がそうした新渡戸の姿勢を裏書きする。

> 少なくとも天が私をして、日本の国に、大正の御代、昭和の御代に永らへしめ給ふのは、私に何か使命があるからではなからうか？　日本全体の社会のために破壊的の使命ではなく、デストラクションのためではなく、コンストラクションの、しかも積極的の、何か使命があると私は信ずる（『全集』6、234）。

敵と対立するほうが協力するよりもはるかに手っ取り早いから、つい敵の欠点をあげつらうのに必死になり、連携の可能性をつぶしていることに気がつかない。けれど、新渡戸はその可能性に目を止め、敵と協力する困難な道のほうを選んだ。一人の人間が何に脅かされているのか、何を守ろうとしているのかを知る中で、ともに抱える問題を見ようとした。人間共通の課題を探しあてようとする新渡戸は、ほんとうの意味で積極的な平和構築に挑んでいたといえる。

このように、新渡戸は本拠地（ホーム）である祖国日本と訪問地（アウェイ）である米国とで巧みに言論活動の戦術を使い分けていた。それでも、彼の言動は妥協や保身のための二枚舌だと言い切れない。彼はホーム・アウェイにかかわらず相手の人格を受け止める態度を貫いたからである。

第三に、新渡戸の活動は人類の調和という継承されるべきビジョンに支えられている。アメリカ滞在中の1932年12月に第十回国際問題調査会（Tenth Institute of World Affairs）で行った英語講演「日本における東洋と西洋の融合（"Blending of the East and West in Japan"）」は彼の展望を今に伝える。

> 地球が丸い限り、部分的または半球的な進歩は進歩の断片にすぎず、

普遍で完全な文化には届きません。羅針盤の対極にある東洋と西洋の国々の相互理解が果たされることによってのみ、私たち人類は究極の運命を読み解くことができるのです。国家の魂は人間の魂の総体とはなりえません。それは大切なものですが、すべてではありません。外界の影響なしに真の国家精神は成熟しえないのです（『全集』23、398-9）。

　新渡戸は国家を超越する理念のもとに人間と人間が理解し合うことの意味を語る。こうしたビジョンは彼の植民政策論の問題点や満州事変論の問題点と表裏一体をなしている。二十世紀初頭の帝国主義下の国際情勢のもとで彼の状況判断は国家の枠組みに縛られていた。けれどもその一方で、彼の目がその枠組みを超えて普遍的な人間の問題にも注がれていたことは、再考されるべきだろう。
　米国滞在中の1932年7月に行われ、すでに紹介した講演「国際協力の発展」にも新渡戸の視点は次のように示されている。

他国の人々についての知識や普遍的な進歩のありかたについての知識が拡大するにつれて、一国家の利益がより高い次元で全人類の利益に合致することや、そうした利益が地球上の国々の協力で最大限享受できることを悟るようになるでしょう。世界は物心ともに一つなのです（『全集』15、321）。

　「内なる光」を介して人類が「物心ともに一つ」につながるという究極の希望を抱きつつ、新渡戸はアメリカ国内を飛び回っていたのである。
　米国旅行中に新渡戸がフィラデルフィアのクエーカーの会堂で講演をしたときには、信仰を同じくする仲間たちからでさえ激しくやじられたことがあった。崩れかけていきそうな自己の、日本の、世界のぎりぎりの苦境の中でも、彼が人類の調和に望みをつないでいたことには目を見張る。彼の思想と活動の真価は挫折や逆境の中にあっても国際協調という信念を言

葉にしつづけたことにある。

　実に、新渡戸は人々の融和を一生涯追い求めたのだった。彼が一年間の全米講演行脚を終えて日本に帰国してわずか三日後の 1933 年 3 月 27 日、日本は正式に国際連盟を脱退した。まるでアメリカでの彼の苦労をあざ笑うかのような成り行きであった。このときの彼の心情は想像に余りある。だが、帰国後も揺らがない、いや帰国後にますます強まる彼の信条を証明する英語演説の記録が日米友好のための非営利団体の日米協会に所蔵されている。（原文は『新渡戸稲造全集』には収められていない。）[70] 1933 年 3 月 30 日の同協会の昼食会で彼が主張したのは、国際連盟を脱しても日本が「国際家族（"the Family of Nations"）[71]」の一員であることに変わりはない点だった。この期におよんでも彼は連盟の存在意義を信じている。[72]「地球上の国々の相互理解を促進する恒久的な組織としての人類の議会や世界の連邦[73]といった人類・世界規模の組織の意味を固く信じ、国際連盟がこれからも存在すると確信します」[74]と表明した。国際社会のあるべき姿を最後まで描きつづけていたことは、彼のアメリカ講演の最終的な目的が世界の平和の構築だったことを何より証明する。

　米国での新渡戸の言論活動は一人一人に宿る尊厳を信じる彼のクエーカー信仰と実践そのものである。彼は人が生まれつき備える価値を信じ、人々の対話の道筋を開き、人類の調和を追求したのであった。まさしく、人と人の狭間、国と国の狭間にとどまろうとした取り組みは、先に検証した彼の渡米の理由に重なる。

　米国講演で必然的に生じた論理矛盾に対する厳しい評価と国際協調のための積極的な働きに対する高い評価の両方から浮き彫りになってくるのは、矛盾する新渡戸の言動を根底でまとめあわせているクエーカー信仰のありようである。彼の場合には信仰は文明や国家の価値づけと結びついて満州事変での日本の大義を肯定させ、同時に人間や世界の価値づけと結びついて人類の調和の意義を肯定させた。こうした信仰の核心部分は次章で読み解く晩年の彼の手による「編集余録」に余すことなくつづられている。

[注]

(1) 佐藤全弘『新渡戸稲造の世界——人と思想と働き』教文館、1998年、242頁。なお、以下にも同様の見解が記されている。佐藤全弘『新渡戸稲造——生涯と思想』キリスト教図書出版社、1980年、174頁；176頁。
(2) 佐藤全弘『新渡戸稲造の精神』教文館、2008年、172頁。
(3) George, Masaaki, Oshiro. "Internationalist in Prewar Japan Nitobe Inazō, 1862-1933." Ph.D. Dissertation: The University of British Colombia, 1985, 338.
(4) 松隈俊子「良き地に落ちし種——新渡戸稲造伝（著書および書簡にもとづく）」東京女子大学新渡戸稲造研究会（編）『新渡戸稲造研究』春秋社、1969年、363頁。
(5) 外務省外交史料館「満州事変与論並新聞論調輿論啓発関係第5巻」。
(6) 外務省外交史料館「満州事変与論並新聞論調輿論啓発関係第7巻」。
(7) 同上。
(8) 外務省（編）『日本外交文書昭和II期第2部第2巻』外務省外交史料館、1996年、415頁。
(9) 1933年9月5日に第四十八代外務大臣の内田康哉（1865-1936）はニューヨーク総領事の堀内謙介（1886-1979）に「連盟学芸協力委員会委員引き受けを新渡戸博士に依頼片訓令」の電報を送った。同年9月13日には内田外務大臣は「新渡戸博士ヨリ　御受ケス」との返事を受け取る。実は、新渡戸は同年9月11日から意識不明でバンクーバーのジュビリ病院（Royal Jubilee Hospital）に入院しており、その翌日にようやく眠りから覚めた。彼の受諾の返答はこうした最中になされたものであった。同前、318頁；320頁を参照のこと。
(10) Robert, Sidney, Schwantes. *Japanese and Americans: A Century of Cultural Relations*. Connecticut: Greenwood Press Publishers, 1976, 32.
(11) 外務省外交史料館「旅券下付に関する協議雑纂旅券協議『カード』ノ部（外交）第111巻」。
(12) 同上。
(13) 同上。新渡戸は1919年8月に国際連盟事務局次長に就任し、1926年12月まで職務を全うした。退任の際に就任中立ちあげた知的協力国際委員会の続きの線で国際連盟労働事務局内の十一の委員会の一つである知的勤労者委員会委員の任を引き受けたと推察される。ただし、いつ同委員会委員に選任されたかについての記録は見当たらない。
(14) 盛岡市先人記念館「署名簿」。
(15) こうした国際連盟との関係もあり、国際連盟日支紛争調査委員会、通称リットン調査団が来日して満州事変の事実調査を行った際にも、新渡戸は一行と意見交換をしている。
(16) 浅田喬二『日本植民地研究史論』未來社、1990年、173頁。
(17) 経済学者の福原好喜（1941-）は論説「新渡戸と軍国主義」（2003年）で舌禍事件とも呼ばれるこの一件を「正しく言えばあれは『舌禍』ではなく新渡戸は『本当のことを言ってしまった』のである」と言及する。福原好喜「新渡戸と軍国主義」『駒沢大学経済学論集』第34巻第3・4号、2003年、32頁を参照のこと。
(18) 新渡戸がマルクス主義に賛同しない根拠は1929年の講演「宗教なき思想」にも示されている。それはマルクス主義が「人間と人間との関係を見て、神と人間の関

係を見ない」からである。神との関係をよりどころに人間の内面に究極的な価値を置くクエーカーの新渡戸にとって、マルクス主義は「人の心を変えようとしないで制度を変えようとする」ものにすぎなかった。当講演の筆記録が掲載されている以下の二号を参照のこと。角達也（編述）『友を頂く――日本クエーカー教徒の研究列伝』第 79 号、1989 年、2 頁；同第 80 号、1989 年、2 頁。
(19) 『海南新聞』「共産党と軍閥が日本を危地に導く――上海事件に関する当局の声明は全く三百代言式だ・来松した新渡戸博士談」1932 年 2 月 5 日、朝刊。
(20) 同上。
(21) 『海南新聞』「新渡戸博士の暴言と其の反響！」1932 年 2 月 8 日、朝刊。
(22) 『海南新聞』「新渡戸氏の奇怪な主張――時局重大の此際其影響恐るべし」1932 年 2 月 6 日、朝刊「社説」。
(23) 同上。
(24) 『海南新聞』「新渡戸氏の為に惜む」1932 年 2 月 7 日、朝刊「社説」。
(25) 貴族院議員の黒木三次（1884-1944）を指す。
(26) 木戸幸一『木戸幸一日記上巻』東京大学出版会、1966 年、143 頁。
(27) 内川永一郎『晩年の稲造』岩手日報社、1983 年、156 頁。
(28) 同前、156-7 頁。
(29) *The New York Times.* "Japanese Compel Critic to Apologize." 5 Mar. 1932.
(30) 外務省外交史料館「邦人ニ関スル警察事故取締雑纂」。
(31) 同上。
(32) 矢内原忠雄「人及び愛国者としての新渡戸先生」矢内原忠雄『矢内原忠雄全集第 24 巻』岩波書店、1965 年、693 頁。
(33) 社会思想家の森戸辰男（1888-1984）の論説「教育者としての新渡戸先生」（1936 年）には同和歌が「国をおもひ世を憂ふればこそ何事も忍ぶ心は神ぞ知るらん（『全集』別巻 1、321）」と書き残されている。
(34) 松隈俊子「良き地に落ちし種――新渡戸稲造伝（著書および書簡にもとづく）」東京女子大学新渡戸稲造研究会（編）『新渡戸稲造研究』春秋社、1969 年、363 頁。
(35) この表は新渡戸稲造研究家ジョージ・マサアキ・オーシロ（George Masaaki Oshiro, 1945-2007）による英文博士論文「戦前の国際人新渡戸稲造（"Internationalist in Prewar Japan Nitobe Inazō, 1862-1933"）」（1985 年）中のアメリカでの新渡戸の動向に関する記述を参考に筆者が補足しまとめたものである。以下を参照のこと。George, Masaaki, Oshiro. "Internationalist in Prewar Japan Nitobe Inazō, 1862-1933." Ph.D. Dissertation: The University of British Colombia, 1985, 239-49.
(36) 同前、246 頁。
(37) この放送の後援は全米学生連盟（National Student Federation of America）である（『全集』15、234）。
(38) 高木八尺『新渡戸稲造先生の平和思想と実践』基督友会日本年会、1963 年、28 頁。
(39) メディア史研究者の里見脩（1948-）は論説「卓越した対外弘報（宣伝）活動」（2006 年）で 1932 年から約一年間の新渡戸と鶴見祐輔の米国滞在費は南満州鉄道株式会社が負担したものだと述べる。しかし、政治家の原田熊雄（1888-1946）の著書『西園寺公と政局第 2 巻』（1950 年）によると、同社がたしかに出資したのは鶴見の滞在費のみである。それも同社が鶴見の派遣を打診してきたというのではない。鶴見から滞在費の出資先の相談を受けて、政治家の近衛文麿（1891-1945）が政治家の

西園寺公望（1849-1940）の了解のもとで同社総裁の内田康哉（1865-1936）に依頼し、受諾されたものであった。したがって、この件には新渡戸は一切関与していない。里見脩「卓越した対外弘報（宣伝）活動」藤原良雄（編）『満鉄とは何だったのか』藤原書店、2006 年、235-7 頁；原田熊雄『西園寺公と政局第 2 巻』岩波書店、1950 年、130-2 頁を参照のこと。

(40)　新渡戸の講演行脚には同社社員の石川欣一（1895-1959）も同行していた。

(41)　国立国会図書館憲政資料室 "Henry Lewis Stimson Diaries（Volumes 19-23）"（マイクロフィルム・リール番号 4-6）。

(42)　『岩手日報』「きのふの講演」1933 年 5 月 17 日、朝刊。なお、この発言は同年 5 月 16 日の盛岡婦人矯風会主催の講演「倹約の話」の一部である。

(43)　Inazo, Nitobe. *Japan's Future and the Mission of the Doshisha: An Address by Dr. Inazo Nitobe.* Kyoto: Doshisha University, 1933, 16.

(44)　John, Dewey. *Characters and Events: Popular Essays in Social and Political Philosophy.* New York: OctagonBooks, 1970, 238.

(45)　南満州鉄道株式会社（編）『満州事変と満鉄上巻』原書房、1974 年、426 頁。

(46)　同前、426 頁。

(47)　同前、427 頁。

(48)　新渡戸は後に論説「米国の対日態度に就いて」（1933 年）でこうした機会を与えられたことについて「何と言論の自由な国であらう（『全集』4、646）」との感銘を書き残している。このようなことが東京で可能だろうかと問いかけ、「云はば総理大臣の外交政策に関する新軌軸を声明する者に対して外国人、而も此新軌軸の相手方とも云ふべき国籍の者が、総理の演説の反対論をすることは、放送局で許すであらうか、世人が聴くであらうか、放送局で許したならば、世人が如何なる態度にでるであらうか、之等の事を考へれば思ひ半に過ぎる観を抱く（『全集』4、464）」と述べる。

(49)　『大阪朝日新聞』「『國民軍縮同盟』発会式挙ぐ」1931 年 1 月 20 日、朝刊。

(50)　政治家の牧野伸顕（1861-1949）の 1931 年 4 月 8 日の日記には「新渡辺［戸］来訪」の記録がある。その際の新渡戸との会話について「余談にファシスト的陰謀のある事（宇垣大将を擁して）の内話あり。小生は之に対し容易に信ず可からざる次第を述べ置けり」と書き残されている。この件は日本陸軍の橋本欣五郎（1890-1957）や長勇（1895-1945）らが陸軍大臣の宇垣一成（1868-1956）を首班とする軍事政権の打ち立てをはかり 1931 年 3 月に決行を計画したクーデター未遂事件を指す。陰謀は後に「三月事件」と呼ばれたが、当時は軍内部で隠ぺいされて表沙汰にはならなかった。満州事変のはるか前に新渡戸が軍内部の機密をどこから伝え聞いたのかは定かではないが、社会大衆党の亀井貫一郎（1892-1987）とのつながりがその経路だった可能性はある。亀井はその企てに関与していたからである。第一高等学校での新渡戸の教え子の亀井は、1913 年に新渡戸が一高を辞任する際に「新渡戸校長惜別歌」を作曲したほど新渡戸を慕っていた。いずれにせよ、新渡戸はさまざまなルートを通じて関東軍の「邪悪な舌」をも見抜いていたに違いない。牧野伸顕『牧野伸顕日記』中央公論社、1990 年、439 頁を参照のこと。

(51)　緒方貞子「国際主義団体の役割」細谷千博・斎藤真・今井清一・蠟山道雄（編）『日米関係史――開戦に至る 10 年（1931-41 年）3 議会・政党と民間団体』東京大学出版会、1971 年、346 頁。

(52) これに対し新渡戸は英文連載「編集余録（補）（"Editorial Jottings Supplement"）」（1987年）中の所感「好奇な手紙（"A Curious Letter"）」（1932年6月19日付）で「これはもっとも遺憾であり、むろん完全にではないが、私のブュエールへの尊敬と信頼はひどく打ち砕かれた。なぜなら、私は彼の見識と信念に基づいた勇気を長年賞賛していたからである（『全集』23、664）」と述べるにとどまり、表立った反論を行っていない。
(53) Raymond, Leslie, Buell. "An Open Letter to Dr. Inazo Nitobé." *The New Republic.* 25 (1932), 42.
(54) 同著について河合栄治郎は前掲の「新渡戸稲造博士」で「研究と云うべきものではない」と述べている。河合栄治郎「新渡戸稲造博士」社会思想研究会（編）『河合栄治郎全集第16巻』社会思想社、1968年、251頁を参照のこと。
(55) これはアメリカの詩人ヘンリー・ワーズワース・ロングフェロー（Henry Wadsworth Longfellow, 1807-82）による英語詩集『夜の声（*Voices of the Night*）』（1839年）中の詩「人生讃歌（"A Psalm of Life"）」のフレーズを踏まえている。以下を参照のこと。Henry, Wadsworth, Longfellow. "A Psalm of Life" *Voices of the Night.* Maine Historical Society. 2010. Web. 18 Oct. 2010. 〈http://www.hwlongfellow.org/poems_poem.php?pid=36〉.
(56) 同様に、政治学者の姜尚中（1950-）はインタビュー記事「キリスト教・植民地・憲法」（1995年）で新渡戸は「玄界灘の架け橋とはならなかった」と述べる。新渡戸は自らの言説を投げかける対象として常にアメリカだけを念頭に置き当時の中国や朝鮮と日本との相互理解を深める努力は怠っていたと指摘している。姜尚中「キリスト教・植民地・憲法」『現代思想』第23号、1995年、70頁を参照のこと。
(57) 「霊と真理をもって」という句については新約聖書「ヨハネによる福音書」第4章第24節を参照のこと。
(58) 国際連合教育科学文化機関「国際連合教育科学文化機関憲章（UNESCO憲章）」〈http://www.unesco.jp/contents/about/charter.html〉（アクセス2011年3月11日）。
(59) 同委員会での新渡戸の働きぶりについては廣部泉「国際連盟知的協力国際委員会の創設と新渡戸稲造」『北海道大学文学研究科紀要』第121号、2007年、1-20頁を参照のこと。
(60) こうしたずれが生じた理由について、佐藤全弘氏から次の二つの教示をいただいた。海外滞在時に執筆した原稿は現地から大阪の本社へ送られたため、実際の掲載までには時間を要したと考えられる。また、同紙は週五日刊で土日が休刊だったことも考慮されねばならない。
(61) 新渡戸稲造「アメリカの脈を執る――妙齢美人の選挙応援演説」『大阪毎日新聞』1933年1月20日、朝刊。
(62) 同上。
(63) 同上。
(64) 実際には、新渡戸の郷里の盛岡藩は幕府側についていた。
(65) 当時の幕府側の人々を一概に国賊（rebels）と呼ぶことはできない。
(66) Abraham, Lincoln. "First Inaugural Address of Abraham Lincoln." Yale Law School Lillian Goldman Law Library. 2008. Web. February 22, 2013. 〈http://avalon.law.yale.edu/19th_century/lincoln1.asp〉.
(67) 新渡戸孝夫「新渡戸博士の心境を想ふ」『新渡戸稲造研究』第12号、2003年、64頁。

(68) 1994年の国際連合開発計画の報告書は人々の安全感の保障を国家単位ではなく一人一人の人間単位で考える「人間の安全保障」を提起した。国家の枠組みを超えた安全保障が提言されたのは、2014年現在から見てもいたって最近のことだといえる。後に国際連合で人間の安全保障委員会が立ちあげられ、2003年には同委員会から英文報告書『人間の安全保障と今(*Human Security Now*)』が発表されている。以下を参照のこと。The Commission on Human Security. *Human Security Now*. New York: The United Nations Publications, 2003.

(69) Herbert, Victor, Nicholson. *Treasure in Earthen Vessels: God's Love Overflows in Peace and War*. California: Penn Lithographics Inc., 1974, 59.

(70) 奈良昂による邦訳「帝国ホテル午餐会スピーチ」は『新渡戸稲造全集別巻2』に収録されている(『全集』別巻2、583-92)。

(71) Inazo, Nitobe. "Speech by Dr. Inazo Nitobe, Scholar and Author at a Luncheon Held at the Imperial Hotel on March 30, 1933." *The America-Japan Society Special Bulletin*. 30 (1933), 56.

(72) 同前、54頁。

(73) 「人類の議会や世界の連邦」という言葉はイギリスの詩人アルフレッド・テニスン(Alfred Tennyson, 1809-92)の英語詩「ロックスレイ・ホール("Locksley Hall")」(1842年)の一節である。以下を参照のこと。Alfred, Tennyson. *The Poetical Works of Alfred Lord Tennyson: Locksley Hall and Other Poems*. London: Macmillan and Co., 1895, 59.

(74) Inazo, Nitobe. "Speech by Dr. Inazo Nitobe, Scholar and Author at a Luncheon Held at the Imperial Hotel on March 30, 1933." *The America-Japan Society Special Bulletin*. 30 (1933), 56.

第6寄港地
「編集余録」と晩年の信仰

「矛盾や不条理を抱えて生きるのに何年もの思索と祈りを要したよ」

1　人生行路の終着点

　十一、二歳の新渡戸が兄の道郎（1859-84）とともに東京の叔父の太田時敏（1838-1915）に世話になっていた頃の話である。病弱だった兄が寒い思いをしないようにと、新渡戸少年は通常の値段の十分の一で売り出されていたバーゲン品の皮の手袋を兄に買って帰った。ちょうど一週間分の小遣いと同じ額の二十銭だったので、その週は煎餅も団子も買わずに我慢した。ところが、ある日のこと叔父からいきなりげんこつを食らう。横には泥棒扱いする目つきの叔母も立っていた。二人は新渡戸少年が家からお金を持ち出したかよそからお金を盗んだかして高価な皮の手袋を手に入れたと思い込んでいたのである。『人生読本』の回想によると、悔しくて悲しくて、新渡戸少年は潔白であることを証明しようとした（『全集』10、280）。だが、自分に信用がなかったのはもともと日頃の行いが悪かったからだと思い直し、沈黙を貫いたという（『全集』10、280）。
　この昔話の少年に晩年の新渡戸がだぶる。満州事変後のアメリカ講演をめぐっていかなる批判にさらされても、クエーカーの彼は自分よりも大きな存在に一切の判断を委ねて言い訳をせず、自らの行動や心構えを正していた。彼が生涯にわたって辿り着いたそうした境地は、これまで何度か触れた『英文・大阪毎日および東京日日新聞』紙上の英文連載「編集余録」

が解明してくれる。本書の最後の課題はこの余録を手がかりにして彼が晩年の一日一日をどのような心境で暮らしていたのかを考えることである。

新渡戸は1929年に大阪毎日および東京日日新聞社に監修として入社した。「編集余録」に筆を振るったのは、翌年6月1日から満州事変後のアメリカ講演をはさんでカナダで客死する1933年10月15日（現地時間）までの間であった。三年強の間にほぼ毎日発表された記事は合計で七百三十編にのぼる。この連載はあたかも晩年の彼の胸中や世相を伝えるブログといったところである。もちろんインターネット上には載ってはいないが、新聞という媒体を通じて国内外に発信したこの公開日記からは、彼が自分自身・日本・世界をどう語ったかを読み取ることができる。[1]

管見の限りでは、新渡戸の「編集余録」に関する研究は佐藤全弘による英文論考「ジャーナリズム——新渡戸稲造の最後の架け橋（"Journalism : The Last Bridge"）」[2]（1995年）の一点しか見当たらない。世界を股にかけた活動の奥にある新渡戸の心情や思索といった内面を垣間見させてくれるこの連載の価値は、もっと吟味されるべきだと思う。そこには彼の晩年、さらに彼の一生を理解するうえで要となる円熟した人生観や世界観が凝縮されている。余録に基づいて晩年の新渡戸の動向や思想を跡づける佐藤の論文を踏まえつつも、筆者が焦点を定めるのは、人生の葛藤にもがきながら人間性を練る新渡戸の生き様である。連載の一編一編をひもとき、彼が自分や他者の矛盾を率先して受け止めたことの意味を確かめていく中で、彼のクエーカー信仰と実践の集大成を見届けられるだろう。

2 「編集余録」の連載

「編集余録」の記事を読み解いていく前に、①テーマ内訳・②文体・③対象読者の三点から新渡戸がこのコラムを執筆した背景やその特徴を探っていきたい。

第一に、「編集余録」全七百三十編のテーマの内訳は連載当時の時代の風潮を反映している。次に示すのは表3「『新渡戸稲造全集第16巻』収録

表3 『新渡戸稲造全集第16巻』収録の六百九十一編のテーマ内訳

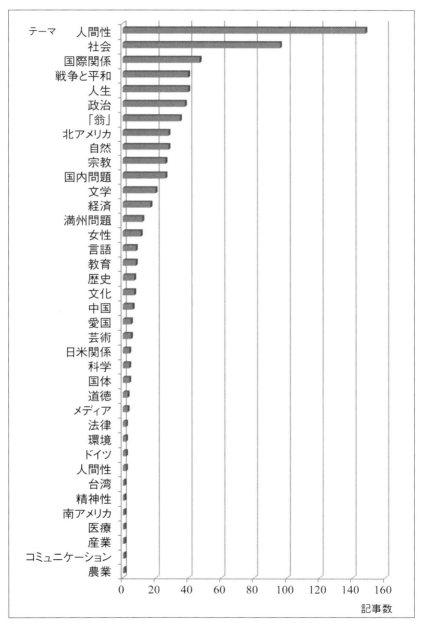

表4 『新渡戸稲造全集第23巻』収録の三十九編のテーマ内訳

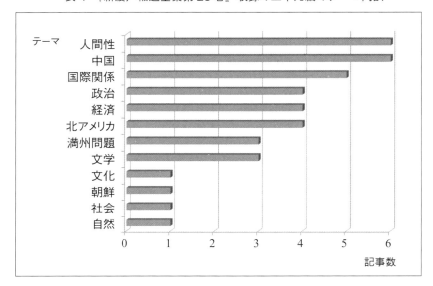

の六百九十一編のテーマ内訳」と表4「『新渡戸稲造全集第23巻』収録の三十九編のテーマ内訳」である。全コラム記事が『全集』16巻と23巻の二巻に分かれて収められているために、グラフを二つ設けた。国内・国際問題についての所見のほか人生についての所感が記事の大半を占めている。中でも、「人間性」にまつわる記事数は百五十四編と突出して多い。人間というものへの尽きることのない関心の表れなのだろう。

　ここで気になるのは、なぜ「編集余録」の記事は『新渡戸稲造全集』の16巻と23巻の二分割でまとめられているのかという点である。実は、そこにコラムが執筆された時代の様相を映し出す次のような経緯が隠れている。新渡戸の死後1938年に全七百三十編の連載記事のうち三十九編が省かれて『編集余録』上下二巻が（北星堂より）出版された。同書に収録された六百九十一編が後に『全集』16巻に収録され、削除された三十九編が『全集』23巻に収録されたというわけである。

　佐藤全弘は前掲の「ジャーナリズム」で「編集余録」の書籍化にあたって三十九編が削除された理由を説明している。大阪毎日・東京日日新聞社

の記者の佐藤剱之助（1891-1967）と新渡戸の妻メリー・ニトベが相談の上で除外を決めたという。内容の重複（二編）や文中の誤植（四編）に加えて、カットされた記事の大部分は当時の国内外の情勢に照らし合わせて発表するのが不適切と判断されたものである（三十三編）。実際にすべての削除記事に目を通すと、多くが満州事変をめぐる国内世論、また中国・朝鮮・アメリカをめぐる国際世論にも波紋を呼びかねない記事であることに気づく。おそらく、すでに新渡戸亡き後に周囲や世間に動揺を招かないために、編集サイドは疑わしい記事を除くことにしたと思われる。こうした削除記事があったこと自体、満州事変前後の緊迫した時代の一面を克明に物語っている。

　新渡戸のブログ・公開日記としての「編集余録」の一つの価値は当時の世情がリアルタイムで語られることにある。余録はその時代に呼吸し生きていた彼の思索や祈りを今に伝えるだろう。

　第二に、「編集余録」の文体は新渡戸の他の著作とは趣が異なる。メリー・ニトベは前掲の書籍版『編集余録』の序文でその文体に触れている。メリーによると、「Jottings という原題の文字通り、ここに収められた記事は推敲を重ねて完成度を追求することが許されない人力車・列車・汽船の中で新渡戸が手早く鉛筆で書き留めたものである（『全集』16、5）」。現に、余録の文章はどれも数段落からなる短文で、日頃心に浮かんだことが機を逃さず書きつけられている。彼の魂から発せられた生の言葉は、練りあげられた長編とは異なる手短なスタイルによって、かえってうまく閉じこめられる。

　「編集余録」のスケッチの一つ一つをつなぎ合わせると、日々移ろう新渡戸の胸中だけでなく、彼の人となりが浮かびあがってくる。それらを断片としてだけでなく全体として眺めるとき、彼の人生観や宗教観に迫ることができるだろう。

　第三に、「編集余録」の執筆は日本と海外の人々の架け橋になりたいという新渡戸のライフワークに通じるものであった。このコラムを掲載する『英文・大阪毎日および東京日日新聞』の想定読者は、おもに日本在住の

外国人と英語を理解する日本人の知識層だったと考えられる。この新聞は大阪拠点の英文日刊紙としてスタートし、後に全国紙となった。創刊当初の発行部数は約四万四千二百五十部で、当時一万五千、六千で上々とされた部数をはるかにしのいでいた(5)。加えて、余録が時に海外の新聞に転載され国内だけでなく国外でも読まれていたことはあまり知られていない。同紙の編集方針は日本在住の外国人の意向に沿った報道ではなく、あくまで日本人の側から外国人へ主体的に発信していくことであった(6)。そうした姿勢は海外に対して日本への理解を積極的に求めてきた新渡戸の姿勢にも連なる。

国内外の人々の相互理解をもたらすという新渡戸の志はこのコラムにも貫かれている。晩年の彼はジャーナリストとしても太平洋の架け橋となる使命を果たそうとしていたのだろう。

3　信仰生活

日本と世界に広く向かい、同時に神と自己に深く向かっていたクエーカー新渡戸の晩年期の心情や思索を汲み取るために注目すべきは「編集余録」全七百三十編のうち宗教・人生・「翁」の三つが主題の記事(7)である。その前に、全記事数のうち宗教をテーマにする記事数が少ないことの意味と「翁」をめぐる記事を取りあげる意味の二つを確認しておきたい。

一つは「編集余録」には宗教に関する記事がそれほど多くないことである。だが、その少なさが新渡戸の信仰の薄さを示すといった短絡的な結論づけはもっての外だろう。もともと彼が著述や講演で自らの信仰を語ることがきわめて稀だったという事実は十分に考慮されねばならない。前述のとおり、彼の宗教観がまとまってつづられている書籍は『人生雑感』のみであった。自身の信仰を内に秘めて多くを説かなかったのは、各自の信仰の追求を尊重する謙虚な姿勢の表れである。

しかし、伝道や教会活動そして宗教的所感の量的な乏しさ(8)を信仰そのものの質的な乏しさと直結させる人もいる。たとえば、キリスト教伝道者の

岩崎孝志（1932-2012）は論考「国家と信仰——新渡戸稲造と矢内原忠雄の場合」（2005年）で新渡戸はクリスチャンらしからぬと不審を立てる。「彼は内村や矢内原のような伝道者でなかっただけでなく、聖書の注釈などもいっさいしなかった。キリスト者であることが彼にとって第一義的なものであったかということさえ疑問に思えるときもある」といった調子である。けれども、こうした議論は粗いと言わざるを得ない。信仰の篤さは決して言葉数の多さで計ることができない。新渡戸が宗教的な説話を盛んに披露しなかったのは、説教ではなく自らの行いを通して信仰を実践することを重視していたからである。彼の場合には宗教的所感の量的な乏しさは簡単に語り尽くせないほどの質的な豊かさを暗示する。

　もう一つは「翁」という架空の人物による語りが「編集余録」の一番の見どころになっていることである。いかに「翁」が連載に奥行きを与えているかは前章での二度の登場場面からも納得できるだろう。新渡戸は自らのペルソナの「翁」の存在を通して自分自身の心を見つめていた。また、現実世界を超越して永遠の世界に生きる「翁」の存在を通して「神の国」を見定めていた。新渡戸が紡ぎ出すファンタジックな「翁」の物語が伝えるのは、知性だけに凝り固まることなく、人生の哀歓の根底に神のはからいを感じ取る神秘的で宗教的な感受性である。

　以上を踏まえたうえで、①宗教がテーマの記事二十六編・②世渡りがテーマの記事四十編・③「翁」がテーマの記事三十五編に的を絞り、新渡戸の精神生活のありように迫っていく。

（1）宗教もの

　「編集余録」には新渡戸のクエーカーの信仰経験をとりわけ色濃く示す記事が三つある。そのうちの一点目は「イエスの最後の言葉（"The Last Words of Jesus"）」（1933年3月1日付）である。イエス・キリストが死ぬ間際に叫んだと言われる「エリ、エリ、レマ、サバクタニ」という言葉の翻訳の一つが紹介されている。新渡戸は「わが神、わが神、なぜわたしをお見捨てになったのですか」という訳に長年違和感を覚えていた（『全

集』16、444)。ところが、イエスも話していたとされるヘブライ語の方言で、古代ネストリウス派キリスト教徒が千七百年間用いたといわれるアラム語の聖書の英訳を手がけた人の解説におおいに共鳴する(『全集』16、444)。それによると、アラム語の聖書では「レマ」は「なぜ」を意味する"lama"ではなく「このために」を意味する"lmana"という単語を指し、「サバクタニ」は「見捨てる」ではなく「手元に置いておく」という意味の動詞である(『全集』16、444)。こうして、新渡戸ははりつけのイエスの最後の言葉は「わが神、わが神、あなたはこのときのために私を備えてくださったのです」という人生の終点を讃えるものであり、悲痛のほとばしりではないと確信した(『全集』16、444)。

　いうまでもなく、イエス・キリストの最後の言葉をめぐっては数多くの見かたがある。(11) 新渡戸が共感した上記の解釈は2014年現在も一般の新約聖書には採用されておらず、「なぜわたしをお見捨てになったのですか」という訳が浸透している。ただ、ここで問題にすべきは妥当な神学解釈ではない。大事なのは彼が巡りあったその解説がいかに当時の心境とシンクロしていたかに目を止めることである。

　新渡戸がこの文章をつづったのは晩年のアメリカ講演旅行のちょうど終盤に当る。老体に鞭打って日米の相互理解を促す困難な仕事に奮い立ったのは、神はこの米国講演のために自分を備えてくれたのだという自覚を新たにしていたからに違いない。こうした使命感こそが最晩年の活力源だったのである。たしかに、アメリカでの日々は辛く苦しいものであった。だがその一方で、言論活動を通して自らの信仰を実践できることに深い喜びも見いだしていたと思われる。このような喜びは第一章で見た行動的かつ霊的なクエーカーの信仰のたまものといえよう。

　二点目は日付が振られていない(12)「編集余録」の最終回の手記「人生の始まりと終わり("Life's Beginning and End")」である。新渡戸は「最初と最後・左と右・前と後・善と悪・天と地というように、人間には物事を二項対立で捉える傾向がある(『全集』16、542)」と指摘する。これらの対極を第三の軸でつなぐと、最初と最後の間に途中が、左と右の間に本体が、

前と後ろの間に内側が、善と悪の間に中立的立場が、天と地の間に人間が生まれる（『全集』16、542）。こうした発想は「人間は他者との関係に基づいて思考する。神だけがアルファでありオメガ、すなわち絶対なのである（『全集』16、542-3）」という信念に基づく。これに続く次のような結びは新渡戸の死去によって結果的に「編集余録」全編の結びとなった。

> 我々は生きようとする努力をもって人生を始め、己の存在を永続させようとする努力をもって人生の最後に総仕上げをする。人生の始まりと終わりの間でたえず自我を減じ、自己を純化し、地上の実在を完成させるよう努める。そのように中庸をいく苦労の必要がないほどに、あらかじめ調和した柔和な性質を備えて生まれたる人は幸いなるかな。人生の始まりと終わりとの間がきわめて近接しているそうした人は、神にもっとも近い人だといえよう（『全集』16、543）。

　第一章で検討した新渡戸のクエーカー信仰のありようがここに凝縮されている。彼が追求したのは神のもとを出て神のもとに行きつく人生であった。その意味で彼の人生は始点（アルファ）と終点（オメガ）とが同じで、ちょうど円を描くような軌跡をたどる。神とのきずなを道しるべに、人生にふりかかる対極的な要素を円満に結びつけながら歩もうとしていたことを象徴しているかのようだ。人間の基準ではなく絶対的基準である神との相談のもとで善悪や正誤を判断しながら、彼は人生のさまざまな葛藤の中で中庸の姿勢を保とうと努めた。自分の不完全さを覚知するのは、自分の評価を人ではなく神に委ねていたからこそ成し得る業であろう。泥棒をしたと疑いをかけられても一切の弁解をせず自らの至らなさを責めた新渡戸少年は、こうしてすべてを神の判断に仰ぐまでに信仰を深めたのだった。

　三点目は「編集余録」のために新渡戸が書いたものでありながら、日付も標題もない未発表の一編である。編集部が彼の死去後に原稿を受け取ったために、掲載されることがなかった。大阪毎日・東京日日新聞社の佐藤剱之助は新渡戸への英文追悼「新渡戸博士──個人的回想（"Dr. Nitobe:

Personal Recollections")」(1933年11月19日)でその記事の存在を次のように明かす。

> 新渡戸博士は病床でも「編集余録」の記事を書きつづけた。博士の悲報を受けた後にもおよそ一ダースの原稿が届いたのだった。病苦のただ中にあった人の手稿を世に出してもよいのか、私は新渡戸夫人とともにずいぶん思いあぐねた。だが、失礼も省みず、博士の絶筆をここに紹介させていただこうと思う。なぜなら、この稿は死の数日前の博士の心のありようを鮮明に映し出しているからだ。博士自身の筆圧の弱い鉛筆書きである。(14)

その原稿は後に英文著作「編集余録補("Editorial Jottings Supplement")」(1987年)の最後に収められた。新渡戸が病床で改めて気づいたのは、病は自らの人間性の中から神より賜った天性を抽出するために与えられた機会だということだった(『全集』23、679-80)。「みな人は蒸留器にかけられる。温められ冷まされた液体の結晶はどんな特性であれ我々の本性、すなわち我々の人生そのものなのだ(『全集』23、680)」と悟っている。そうして、「我々は病室でこの蒸留の過程を経る。抽出が終わり病から回復すると、病に伏せる前よりもずっと純粋で美しい人間となってベッドから起き上がる(『全集』23、680)」という言葉とともに文章が閉じられる。

死の数日前に入院中のベッドで書かれたこの一文からは澄みきった最晩年の新渡戸の精神を読み取ることができる。神から授かった「内なる光」を輝かせようとする第一章で見たクエーカー信仰の実践の積み重ねが見事に結晶している。

(2) 世渡りもの

「編集余録」には宗教ではなく人生について語る文章でありながらクエーカー的な思いが漂っている記事も多い。そのうちの一編が「絶望の淵からの脱却("Emerging from Despair")」(1932年5月19日付)である。

新渡戸は晩年のアメリカ講演行脚の序盤にこの記事を発表し、人生の逆境の克服をめぐって次のようにつづっている。

> 強い人は虎のように孤高を持して決然と荒々しく闘いに臨み、不屈の覚悟をもって辛い体験から脱出していく。しかし、最強の人はそうした人生の悲しみの洗礼を受けることで他者への共感や思いやりを養い、深く暗いその絶望の淵から思慮深く柔和に脱却するのである。見かけは子羊のようにおとなしくとも、心の内は獅子よりもたくましいのだ（『全集』16、362）。

ここで言われている「最強の人」に新渡戸を重ね合わせることができる。二つの言葉に着目すると、この記述がクエーカー信仰をよりどころに人生の苦悩を受け止めた彼自身の経験を踏まえたものであることに気づく。一つは「悲しみの洗礼」という言葉で、彼が悲しみの経験を自分と神との縦の関係の中で捉え、自らの受難の経験をイエス・キリストの受難に広げていることを暗示する。もう一つは「他者への共感や思いやり」という言葉で、彼が悲しみの経験を自分と他者との横の関係の中で捉え、自らの苦難の経験を人の苦難への労わりに広げていることを明示する。

深くて広い宗教的思索と祈りなしには、このように縦・横の両方向から悲哀と向き合うことはできないだろう。人類の罪を赦し人類の悲哀を一身に背負ったイエス・キリストの恩恵に感謝する新渡戸には、他人を責めず、許し、慈しむ心が育まれていた。それだけに、絶望の渦中にも意味や使命を見いだし、難局を糧に他者の苦しみや悩みを支える力を養い、試練を乗り越えていこうとしたのだった。これこそが第一章で論じた窮地を抜け出すための「横の門」であろう。自らにおよぶ悲哀を人に対する慈悲の原動力に変える姿勢は新渡戸のクエーカー信仰の産物である。

(3)「翁」もの

「編集余録」の「翁」ものにはクエーカー新渡戸の内面の世界をよく照

らし出す記事が三つある。その中の一点目は「信仰の薄い汝よ！("Thou of Little Faith!")」（1932年4月15日付）である。「翁」が精神的に追い詰められている状況をスケッチしたこの文章は、満州事変後に新渡戸が米国講演へ出かける直前に発表された。「宇宙空間に立ち、まるで占い師が水晶玉を持つように地球を手に取って、いつもより念入りに見てみた」と、「翁」はいかにも突飛で幻想的な話を新渡戸に切り出す（『全集』16、341-2）。続けて、「翁」はその成り行きを次のように語った。

> そうして地球のどこにも光を見つけることができなかったとき、どれほど驚いたことか。思わず手の中の地球を握りつぶしてしまいそうになったくらいさ。そうしようと手を振りあげたとき、ある強い力が私の手をつかんだ。それで、小さくて暗いくぼみ、つまり今こうして君が私を見ているこの場所におとなしく戻ってきたんだよ（『全集』16、342）。

「翁」の腕を制止した力とはいったいどのような力だったのかと新渡戸に尋ねられると、「翁」はどうもはっきりしない声で信仰と答えた（『全集』

16、342)。そのような「翁」を目の当たりにして、新渡戸は「可哀そうな翁！ 宗教以外から何の慰めも得られないようだ。しかも、その信仰さえひどく揺らいでいる（『全集』16、342)」と書きつけている。

　満州事変以降の暗闇のような国内外の状況のもとでは「翁」に限らず新渡戸自身も信仰のほかに慰めを見いだせなかったはずである。第一章で追跡したとおり、信仰のありかたを悩み抜いた青年期から目下の晩年期を通じて、新渡戸の信仰生活はけっして順風満帆ではなかった。この文章が如実に物語るのは、彼がアメリカ講演に向かっていた当時の日々はときに信仰さえ揺らぎそうになるほど苦悩に満ちていたことである。「翁」のか細い声は新渡戸の傷つきやすい心をつぶさに表す。同時に、ありのままの自分から目をそらさず、信仰から安らぎを得て何とか毎日を生きようとしていた悲痛な心境も伝えている。起伏を経ながらも、新渡戸の信仰は神にすべてを委ねて祈りつづける中で強められていったに違いない。すべての人の内には神を受け入れる光明と神を追い出す暗黒とが混在している。行きつ戻りつしながらでも、彼はその光明の方を信じ、自分自身を光の側から見つめつづけようとしたのだった。

　二点目は架空の一教授をめぐる「ユーモアを講じるラトガースの教授（"A Rutgers Professor on Humour"）」（1932年12月21日付）である。東京在住の「翁」が満州事変後に渡米した新渡戸に送った書簡が引用される。そこには「創造主はたいへんにユーモアのある人ではないかと思うことがある……（『全集』16、433)」としたためられている。「翁」の口をついて出た一見何気ない言葉をどうしても見逃すことができないのは、これが新渡戸のつぶやきと思えてならないからである。創造主のユーモアを感じ取るまでに、新渡戸がユーモアの深奥に到達していたことがうかがえる。

　新渡戸がこの記事を書いたのと同時期にアメリカで行った講義を収めた『日本文化講義』からも、悲しみと陽気に向き合うことをユーモアと見なす彼の感性を読み取ることができる（『全集』15、31)。彼はユーモアの核心を次のように講じている。

しみじみとしたもの悲しい感じを表す日本語の「もののあはれ」は宇宙を覆う大いなる精神の存在を自覚する「宇宙意識」を意味するのではないかとよく考えます。哀れみの心を意味する"sympathy"という英単語は、共有するという意味の"syn"と悲哀という意味の"pathos"からできています。このように、人の哀れみとは人間・生き物・花々・無生物を含む周囲のものすべてに対する慈しみをいうのです（『全集』15、29-30）。

　第一章で確認した「宇宙意識」がここにも出てくることに注目したい。新渡戸は「宇宙意識」を働かせて、人生の悲喜を結びつけ、その狭間に生きる醍醐味を見いだしている。創造主は哀しみの人であるゆえにユーモリストでもあるという先ほどの「翁」の言葉の背後には、ユーモアは人生の悲哀を下敷きに生まれるという新渡戸の慎み深い悟り(15)がある。
　同じく悲哀の人であり冗談の人でもあった新渡戸の物腰に関して、矢内原忠雄は既出の「新渡戸先生の宗教」で次のように証言する。

又先生は大変戯談がお好きでありまして、よく戯談を言つて人を笑はされ御自分も笑はれたのでありますけれども、少年時代に憂鬱であつて悲しみに囚はれてゐた先生が、どうしてあの様な快活な、又をかしい事を言ふ人になられたか。別の言葉で言ひますと、あのニコニコしたお顔をもつて戯談を言つてをられる先生の底に流れてゐたものは、悲しみであつた。先生は悲しみから出発したのであつて、そして私は最後まで先生は悲しみを基礎として、その上に大いに戯談を言つてをられたのであると思ふ。(16)

　矢内原忠雄は新渡戸のユーモアの核心を言い当てている。よほどの包容力がないと、悲しみにユーモアをまとわせることはできない。新渡戸は自分の、相手の、さらには人類の悲哀を汲む分、思わず微笑を誘うような温和な冗談をもって人に接することができたのだろう。

人生に前向きな新渡戸の姿勢は前掲の晩年のアメリカでの講演「一日本人のエイブラハム・リンカーンへの賛辞」にも見て取れる。やはり悲しみの人でありユーモアの人だったエイブラハム・リンカーンに触れて、新渡戸は人々の苦痛を楽にしてくれるユーモアには信仰のような作用があると述べる（『全集』15、327）。新渡戸も人生の重荷の辛さをよくよく知るがゆえに軽いジョークを飛ばし、他者の重みを少しでも和らげようとしていたに違いない。

　新渡戸の生きかたの模範は人類の悲哀を慈しむ真のユーモリストの創造主であった。クエーカー信仰をよりどころに、新渡戸は悲しみに満ちた人生を可笑しみで包みこもうとする深いユーモアを追求していたのである。それによって自らの悲痛をも癒したのかもしれない。

　三点目は新渡戸の死去のおよそ一カ月前に発表され、「翁」シリーズの最終回となった「今の時代（"The Present Age"）」（1933年9月14日付）である。「翁」が新渡戸からの切羽詰まった質問にゆうゆうと答える場面がある。満州事変以後のいかめしい国内外の情勢のもとで半狂乱になっている新渡戸は、柔和に微笑む「翁」に「なぜこんなときに笑っていられるの？（『全集』16、524）」と詰め寄った。いくぶん語気を強めた新渡戸の声を察知した「翁」は、かえって穏やかなトーンで「次の時代を見据えているからだよ（『全集』16、524）」と答える。

　「翁」と新渡戸のこのやり取りは葛藤を抱えていた新渡戸の自分自身との対話をほのめかしている。「翁」が指し示す「次の時代」とは、出口の見えない闇黒の時局の中で新渡戸が目を凝らし、望みをつなごうとしていた一筋の光ではないか。新渡戸は神とともにある永遠の今を生きることに心を砕いていたと思われる。

　ちなみに、クエーカーの修養会での感話「人生の旅路」（1918年）からも永遠の神の世界に向けられていた新渡戸のまなざしを見てとれる。彼は「神は永遠で時間もない空間もない」[17]のだから「神の目には、いつも今である。人間の心をもってあせってはいかぬ」[18]と説く。彼が焦らず与えられた今この瞬間を生きることに専念できたのは、第一章で確かめたように、

人間の意志ではなく神の意志をよりどころにしていたからである。

　ところで、永遠の今を語る新渡戸の声は、彼が愛読したイギリスの歴史家トマス・カーライル（Thomas Carlyle, 1795-1881）の英文著作『衣服哲学（*Sartor Resartus*）』の一節を思い起こさせる。「編集余録」では聖書の言葉と並んでカーライルの言葉があちこちに引用されており、新渡戸がいかにカーライルに心酔していたかがわかる。『衣服哲学』の主人公であるドイツのトイフェルスドレック（Teufelsdröckh）教授は永遠の観念をめぐって次のように訴える。

> 昨日というカーテンは下ろされ、明日というカーテンがあげられる。時間の観念を突き抜けて永遠を見つめよ。そして、あらゆる時代のあらゆる思想家が全身全霊で人間の魂の聖域に刻まれた永遠性を読み取ったように、汝が見いだしたものを信じよ。その永遠性は時間と空間そのものが神なのではなくそれらが神の創造物であることを示し、また神とともにある普遍的な「ここ」があるゆえに「今」が永久に存在することを示す。[20]

　先ほどの「翁」の姿は永遠の今を懸命に生き抜こうとする新渡戸の姿とオーバーラップする。「翁」の返答は新渡戸の魂の根底にも永遠を肯定する志向がたしかに刻みこまれていたことを裏づける。満州事変後の行き詰まりの局面にあっても、新渡戸は神から授けられた永遠の光を最後まで見失うことなく、人間に対する希望を絶やさなかった。

4　矛盾と調和

　「編集余録」の一編一編からは晩年に至って円熟味を帯びる新渡戸のクエーカーの信仰実践が浮き彫りになっている。今一度、他の時期に記された一つの英文エッセイと、同じ題名で晩年期に記された「編集余録」収録の別のエッセイとを比較して、信仰の深まりを検証してみたい。

まずは、新渡戸が中年期に発表した『随想録』中の「実践的宗教（"Practical Religion"）」を引く。『随想録』は教育者の津田梅子（1864-1929）が創刊した日本人学生向けの英語学習雑誌『英文新報』（後に『英文新誌』に改称）に新渡戸が寄稿した1903年から1909年の間の英文エッセイをまとめたものである。そこに収められた全部で百二十八編の記事は「編集余録」と同様にいずれも短文で、テーマも多岐にわたる。そのうちの「実践的宗教」は次のように強調する。

　　宗教はおもに意志の働きである。我々の意志を働かせて神の意志に一致させること、または我々の魂を聖霊に溶け込ませることを宗教と定義したい。神学は宗教の副産物にすぎないし、その中でもさほど重要なものではない。神の意志を行動に移すことができる人こそ、教義を知っている人だといえる。教義の知識は神に従う実践を通しておのずと備わってくる。けれども、我々はとかくその順序を取り違えてしまい、神の意志を実践する前に教義を知ろうとしたり、それを究めようとしたりする（『全集』12、349）。

　真の信仰は実践を通して獲得されるという思索的でありながら実践的な新渡戸の宗教のありようが読み取れる。
　今度は、この記事と同一タイトルの「編集余録」の「実践的宗教（"A Practical Religion"）」（1931年2月7日付）を引く。「翁」は自分の宗教について次のように新渡戸に話す。

　　私の宗教はこの世のものだ。私は来世がどんなものか問題にしていないのだよ。もし私の信じている神が真実であるならば、神は私にふさわしい所へ、もしくは私が望まれる所へ連れて行ってくださるだろう。今世で私が省みなければならないのは、何人にも悪意を抱くことなく万人に愛を持って日々を過ごせるかということだ。モットーは他人の意向や未来を恐れることなく正しさを求めていく「正しくあれ、恐る

ることなかれ」(22)という生きかたなのだ(『全集』16、162)。

　こうした「翁」の実践的宗教も信仰を具体的な行動で表す新渡戸の「知行一致」の宗教のありかたを示している。
　一見すると、『随想録』にも「編集余録」にも似たようなことが書かれている。しかし、両者の間には明確な違いが一つある。それを解読するヒントは原題に隠れている。『随想録』の「実践的宗教」の原題が"Practical Religion"であるのに対し、「編集余録」の「実践的宗教」の原題は"A Practical Religion"で、不定冠詞 a が付いていることに注意したい。前者の『随想録』の文章では実践的な宗教に関して一般的な説明がなされている。その一方で、不定冠詞がまさに示すように、後者の「編集余録」の文章では具体的な宗教経験が述べられている(23)。新渡戸が紆余曲折の実践をくぐりぬけてクエーカー信仰に親しみ、自分のものとしていることが日常の感覚として迫ってくる。それに加え、ペルソナの「翁」の口を通して語られることで、信仰の人、新渡戸の人間味がいっそう鮮明に伝わる。このように、晩年の新渡戸がつづった「編集余録」からはたしかに信仰経験の深化が見てとれる。
　では、新渡戸の信仰の深まりとはいったいどのような資質の円熟を指すのだろうか。本書の最重要課題は、彼の信仰の深まりが何を意味するのかを掘り下げることである。彼の信仰が人生の矛盾を受け入れる寛容な心とともに深められたことを示す手がかりはやはり「編集余録」の「翁」ものにある。矛盾を受け止める新渡戸の覚悟が語られる「矛盾("Inconsistency")」(1932 年 12 月 7 日付)は圧巻だろう。満州事変後にアメリカを講演して回っていた新渡戸は、日本にいる「翁」から手紙を受け取った。そこには「翁」の心中が次のように打ち明けられている。

　　東や西、北や南、風がどこへ吹こうがどこから吹こうが構わないのさ……どんな風の吹きまわしにも感謝している。つまりは、何でも正当なのだ。こうして矛盾や不条理を抱えて生きるのに何年もの思索と祈

りを要したよ（『全集』16、425）。

　良い風であっても悪い風であっても、そのときどきの風を受け止めるという「翁」の一言は、新渡戸自身の心の内を言い表したものと見てよいだろう。人と人との隙間、国と国との隙間にとどまろうとした新渡戸が「翁」の口を借りて語る言葉は、読めば読むほどに説得力を持って重く響いてくる。単に、新渡戸の思考や行動が矛盾することをよしとするのではない。評価されるべきは、人生の矛盾を果敢に受け止めようとする彼の気がまえである。

　とりわけ、晩年の新渡戸は社会・国家・世界の問題に柔軟に対応しようとしたからこそ、矛盾を抱え込み、苦悩することにもなった。それでも、自分の中に矛盾を抱えるということは、見かたを変えると、その分さまざまな視点を斥けずに引き受けて理解しようとしていることの表れでもある。「翁」が告白するように、それは自分自身を深く省みる思索と謙虚な祈りなしにはけっして達することのできない境地ではないだろうか。新渡戸のクエーカー信仰は人生の矛盾を受け入れ、他者に心を開いていくために必要なたった一つの支柱であったに違いない。

　ただ、矛盾とは物事の筋道が通らないことで、不合理だと否定的に捉えられる関係や論理であることはいうまでもない。極端に偏ることを避け、異なる視点の協調や調整を重視した新渡戸の立場は、判断を保留して現実の対立から目を背ける卑怯な態度とも受け取られかねない。あいまいと言われても仕方のない立場でもある。実際、彼の思想や活動が「八方美人」、「自家撞着」とけなされたことも少なくなかった。[24]

　しかしながら、先の「翁」の言葉からも明らかなように、こうしたことをもっとも心得ていたのは何を隠そう新渡戸自身であった。注目に値するのは、彼が矛盾を否定的な関係や論理とは捉えず、むしろそれを肯定的に、しかも感謝をもって迎え入れていることである。あいまいに入り組んだ関係にとどまることは、彼にとっては現実を変容させる術なのだった。

　白と黒の二つの対極を結びつけたグレーの地点に踏みとどまり、矛盾か

ら調和を模索する新渡戸の姿勢は、彼がクエーカー信仰の中核と見なす「宇宙意識」によって養われたと考えられる。自己と神、そして自己と他者の関係を宇宙に開くことによって、彼の内には宇宙規模の視点で万物を包容し、慈しむ心が育まれた。同時に、すべてがそのようにつながる中で唯一の大精神を仰ぎみて、さまざまな緊張をこのうえなく巧みにとりまとめる神の存在を信じていた。こうして、人生で矛盾と統一は切り離せないと確信するに至ったはずである。対立に向き合い、そこから融和を求めることは、神のはからいに沿って生きることに他ならなかった。クエーカー信仰こそ矛盾に満ちた彼の生きかたを統合する唯一の支柱だと先ほど述べたのは、こうした「宇宙意識」を踏まえてのことである。

　宗教・人生・世界の不協和音に囲まれながらも、新渡戸は神の心にかなう協和音をひたむきに探求した。クエーカーの彼のバランス感覚はあくまで生涯にわたる信仰生活によって鍛えあげられたものであり、物事のいいとこ取りをして間に合わせたものではない。

　ところで、矛盾に耐える者を神に倣う者と見なしていたのは新渡戸だけではなかった。内村鑑三もまた英文所感「矛盾に就て（"Self-contradictions"）」（1914年）に次のように書き残している。

> 詩人ワルト・ホヰツトマンが曰うた事がある「私に矛盾が多い、それは私が大きいからである」と。其如くに神は最も大きい方であるから、矛盾の最も多い者である。彼は愛し給ふ、又憎み給ふ。彼は愛であると同時に又焼尽す火であり給ふ。(25)(26)(27)

　内村や新渡戸が自らの内に葛藤を抱えることを神聖な義務と受け止めていたのは、神こそが相容れないものをまとめあげている存在だと信じたからだった。

　「編集余録」から読み解かれるべき新渡戸の信仰と実践の実りは、ものごとを対立的に見ず、相反する考えかたや生きかたをいったん受容してから対話や協調の道筋を導き出そうとする態度である。そうした懐の深さが

彼の最大の人間的な魅力だろう。彼の精神のスケールを見抜いた二人の先人の一人は、論説「新渡戸稲造の人格主義」(1969年) を記した東洋史学者の山本達郎(1910-2001)である。「何か『狭い』ことが『純粋な』こと『清い』ことと結びつき、『広い』ことが『不純な』こと『曖昧な』ことと混同されやすい日本の風土の中で新渡戸稲造の『広さ』に教えられるところが大きい(『全集』別巻2、297)」と評価する。もう一人は講演「新渡戸稲造先生に学ぶ」(1966年) を行った教育者の上代たの(1886-1982)である。「先生はたとえて申しあげますと、大きな山脈のような人で、登りはじめた時は、さほど高くも大きくも感じられませんが、登って行きますと、大変な大山だということがわかります」[28]と述べている。山本のいう新渡戸の「広さ」と上代のいう新渡戸の「大きな山脈」は、どちらも新渡戸のあいまいさの本領とでもいえる豊かな包容力を言い当てている。

　新渡戸の思想や実践の真髄をつかめるかどうかは、彼の生きかたの一断面ではなく、その全容に目を向けるられるかどうかにかかっている。彼の植民政策論や満州事変論だけを取りあげて国家観や文明観の欠陥を指摘したり、彼の日本文化論や国際協調論だけを取りあげて人間観や世界観の価値をほめたたえるだけでは、彼の人間性の断片を捉えたにすぎない。矛盾だらけの彼の思考や行動にいらだってばかりいると、対立や摩擦にもがき苦しみながらも彼が一貫して持ち続けた唯一の指針を見落としてしまう。それは人間の意向ではなく神の意向に従う生きかた、自己と神との調和を模索しつづける生きかたである。まさしく、調和とは矛盾するものを抱え込むことである。これだけでも人としての目覚ましい足跡といえるだろう。実際、相手との葛藤や衝突を受け止めそれに耐えていくのは疎ましいことである。自分自身の立場を守り、相手に明確にノーを突きつける方がはるかに楽なこともある。「編集余録」は他者とではなく自分と闘った彼に外柔内剛の強さが備えられていった姿を記録する。

　晩年の新渡戸の思想と活動の核心はクエーカー信仰の「内なる光」のもとにすべての人が持つ軋み、悩み、悲しみをつなぎとめていたことにある。彼は相反する立場の人々に対しても同一の尊厳を認め、共通の軋轢や苦悩

や悲哀を感じ取る。その結びつきを頼りに人々と共に生きる覚悟をし、相互の対話や融和の可能性を切り開こうとした。

　まさに、新渡戸のクエーカー信仰は人生の矛盾の中から自己と神の絆、人間の相互理解、さらには人類の協調を探求するためのよりどころであり、手だてであった。彼に授けられた「内なる光」は自分と神、そして自分と他者の調和を導く光だったのであり、日本の国に根ざしつつ神の国に至る道を照らす光だったのである。

　新渡戸の「編集余録」はタイムリーな評論、自らの心の向くままをつづった覚書、そして「翁」の創作をも含んだ珠玉の文学作品と見てよい。それは晩年の試練に苦悩しながらも人間の調和を追い求めた彼の信仰生活の到達点を証する貴重なドキュメントでもある。彼の祈りや実践が彼の書き物を紡ぎだし、同時に彼の書き物が彼の祈りや実践を生みだしていた。クエーカー信仰は彼の思想や活動をまとめあげる起点であっただけでなく、帰着点でもあった。その信仰は神の心にかなう人間性の幅や奥行きを追求する彼の生きかたそのものといえる。

[注]

(1)　新渡戸は青年時代から日記をつけつづけたが、日記は彼の死去後2014年現在も親族の意向に基づき非公開である。

(2)　Masahiro, Satô. "Journalism: The Last Bridge." John, Forman, Howes (Ed.). *Nitobe Inazô: Japan's Bridge across the Pacific*. Colorado: Westview Press, 1995.

(3)　同前、228頁。

(4)　同前、228-31頁。

(5)　毎日新聞社（編）『毎日新聞百年史』毎日新聞社、1972年、287頁。

(6)　同前、286頁。

(7)　「編集余録」の記事の分類はすでに佐藤全弘が着手している。佐藤の手による「編集余録」の日本語訳を収めた『新渡戸稲造全集第20巻』の巻末には、部門別・項目別の記事の索引を含め、全記事の内訳が掲載されている。筆者は当初英語の原文だけに目を通し全記事を独自に分類していたため、佐藤の日本語での索引や内訳の存在を後に知った。両者を比較してみると、「翁」をテーマにした記事数は一致しているが、宗教や人生をテーマにした記事数には違いが見られる。佐藤は宗教をテーマにした記事を五十四編挙げ、人生をテーマにした記事を百四十編挙げている（『全

　　　　　　　　　　　　　　　　　　　　　　第 6 寄港地「編集余録」と晩年の信仰　179

　　集』20、vi-viii；ix-x)。このような違いが生じているのは両者の分類観点がそもそ
　　も異なっているためである。しかし、記事数の分布は類似している。
(8)　新渡戸はボルチモア月会会員でありながらも、日本年会総会での講演を引き受け
　　るなどして日本の友会の活動にもできる限り参加していた。大津光男『基督友会日
　　本年会と新渡戸稲造』キリスト友会日本年会、2012 年を参照のこと。
(9)　岩崎孝志「国家と信仰――新渡戸稲造と矢内原忠雄の場合」渡辺信夫・岩崎孝志・
　　山口陽一『キリスト者の時代精神、その虚と実――キリシタン、新渡戸稲造、矢内
　　原忠雄、柏木義円』いのちのことば社、2005 年、100 頁。
(10)　旧約聖書「詩篇」第 22 章第 2 節；新約聖書「マタイによる福音書」第 27 章第 46 節；
　　同「マルコによる福音書」第 15 章第 34 節を参照のこと。
(11)　小説家の遠藤周作 (1923-96) も著書『イエスの生涯』(1973 年) でイエス・キ
　　リストの最後の言葉は主への絶望ではなく讃美を表すと指摘する。ただし、その根
　　拠はアラム語の聖書ではなく、神を讃える旧約聖書「詩篇」第 22 章全体の解釈に
　　よる。「詩篇」第 22 章は「なぜわたしをお見捨てになるのか」という悲痛な訴えか
　　ら始まるものの、やがて「わたしは兄弟たちに御名を語り伝え集会の中であなたを
　　讃美します」という讃歌に転じていると捉える。遠藤周作『イエスの生涯』新潮社、
　　1982 年、209-10 頁を参照のこと。
(12)　当記事には本来なら示されるはずの 1933 年 10 月 16 日という日付がない。その
　　理由はカナダの時間で同年 10 月 15 日、つまり日本の時間で 10 月 16 日に新渡戸が
　　現地で客死したためだと考えられる。
(13)　旧約聖書「イザヤ書」第 41 章第 4 節；同第 44 章第 6 節；新約聖書「ヨハネの黙
　　示録」第 1 章第 8 節を参照のこと。
(14)　Ken, Sato. "Dr. Nitobe: Personal Recollections." *The Osaka Mainichi & The
　　Tokyo Nichi Nichi.* 19 Nov. 1933.
(15)　ユーモアをめぐるこうした新渡戸の人生観はアメリカの小説家マーク・トウェイ
　　ン (Mark Twain, 1835-1910) の英語寸言集「まぬけなウィルソンの新しいカレンダー
　　(『赤道に沿って』より) ("Pudd'nhead Wilson's New Calendar from *Following the
　　Equator*")」(1897 年) 中の格言を思い起こさせる。「人間に関することはすべて哀
　　れみを帯びている。ユーモアの奥義自体は喜びではなく悲しみに見いだせる。ユー
　　モアは至上の幸福の中にはない」というものである。以下を参照のこと。Mark,
　　Twain. "Pudd'nhead Wilson's New Calendar from *Following the Equator*." Tom,
　　Quirk (Ed.). *Tales, Speeches, Essays, and Sketches.* Middlesex: Penguin Books,
　　1994, 200.
(16)　矢内原忠雄「新渡戸先生の宗教」矢内原忠雄『矢内原忠雄全集第 24 巻』岩波書店、
　　1965 年、408 頁。
(17)　角達也 (編述)『友を頂く――日本クエーカー教徒の研究列伝』第 35 号、1982 年、
　　4 頁。なお、この感話の筆記録は同誌 34 号・35 号の二号にわたって掲載されている。
(18)　同前、4 頁。
(19)　同書は初め 1833-4 年に英国の英文雑誌『フレイザー (*Fraser's Magazine for
　　Town and Country*)』に連載されたもので、1836 年に米国で、1838 年に英国で書
　　籍化された。三部構成のこの作品は主人公トイフェルスドレック (Teufelsdröckh)
　　教授の自叙伝の第二部をはさんで第一部と第三部は作者トマス・カーライルによる
　　同教授をめぐる評論である。衣服は人間の外観にすぎず、眼には見えない人間精神

を内観すべきだと強調されている。
(20) Thomas, Carlyle. *Sartor Resartus*. London: Ward Lock & Co. Limited, 1911, 281.
(21) これは新渡戸が敬愛していた米国第十六代大統領エイブラハム・リンカーン（Abraham Lincoln, 1809-65）の1865年の第二期大統領就任演説での言葉である。以下を参照のこと。Abraham, Lincoln. "Second Inaugural Address." Naozo, Ueno (Ed.). *Masters of American Literature*. Tokyo: Nan'un-Do, 1969. 128.
(22) このフレーズはイギリスの劇作家ウィリアム・シェイクスピア（William Shakespeare, 1564-1616）の英語歴史劇『ヘンリー8世（*King Henry VIII*）』（1623年）の第三幕第二場での聖職者カーディナル・ウルジー（Cardinal Wolsey）の台詞の一部である。以下を参照のこと。Charles, Kean（Ed.）. *King Henry VIII*. London: Cornmarket Press Limited, 1970, 69.
(23) 英語の数えられない名詞である抽象名詞（ここでは宗教を指す"Religion"）が不定冠詞とともに用いられるとき、抽象的な概念ではなく具体的な事例を表し、数えられる名詞である普通名詞になる。
(24) この点を証言するのは第一高等学校での新渡戸の教え子の矢内原忠雄である。校長在任当時の新渡戸に対する世間からの「悪口」について矢内原は「世間は先生を浅薄な才子、八方美人、偽善者である、教育者として風上に置けぬ人物であるといふ風に悪口した」と明かしている。矢内原忠雄「人及び愛国者としての新渡戸先生」矢内原忠雄『矢内原忠雄全集第24巻』岩波書店、1965年、687頁を参照のこと。
(25) これはアメリカの詩人ウォルト・ホイットマン（Walt Whitman, 1819-92）による英語詩集『草の葉（*Leaves of Grass*）』（1855年）中の詩「ぼく・わたし自身の歌（"Song of Myself"）」の一節である。以下を参照のこと。Walt, Whitman. *Leaves of Grass*. London: J.M. Dent & Sons LTP, 1947, 78.
(26) 新約聖書「ヘブライ人への手紙」第12章第29節を参照のこと。
(27) 内村鑑三"Self-contradictions"内村鑑三『内村鑑三全集28』岩波書店、1983年、328-9頁。
(28) 上代たの『新渡戸稲造先生に学ぶ』基督友会日本年会、1967年、1頁。

帰港
新渡戸像の両側面を吟味して

　なぜ晩年の新渡戸の言動は矛盾をはらんでいたのか。この問いを解き明かすために、彼の思想や活動の正の部分と負の部分の両方を掘り下げようと試みてきた。植民事業や満州事変をよしとしたことを根拠に彼を完全に否定するか、人類の協調を説いたことを根拠に彼を全面的に肯定するか、今までの新渡戸評価は白黒をはっきりさせるものが多かった。しかし、こうした従来の評価方法を乗り越えることによってようやく、彼のクエーカー派のキリスト教信仰のありようが浮き彫りになってくる。

　良きにつけ悪しきにつけ、新渡戸のクエーカー信仰は彼が抱えていた論理矛盾をつなぎとめ、彼の生きかたをまとめあわせていた。この点が、これまでの新渡戸稲造研究で解きほぐしきれなかった疑問への筆者なりの一つの答えである。彼の場合はよりよく生きるための支えであった信仰が文明や国家の発展への願いに結びつき、植民政策や満州事変の大義を認めることとなった。同時に、その信仰が人間や世界の成熟への願いに結びつき、人類の融和の意義を認めたのである。

　そのうえで何より重要なのは、幕末から昭和の初めを生きた一人の日本人キリスト者が抱えた葛藤を過ちと片付けてしまうのではなく、そのもろさを受け止めることではないだろうか。新渡戸にはあいまいさも欠点もあった。しかし、彼は自分が弱くてすきだらけの人間であることを誰より強く自覚していた。だからこそ、信仰を求め自分を正していたのである。彼の思想や実践のプラスとマイナスの両側面を見てはじめて、そうした人としての魅力に気づくことができる。このように謙虚な彼の心構えを書き

残しておきたい一心で、筆者は本書をつづってきた。

　新渡戸の生誕百五十年を経たばかりの 2014 年現在、時代や文化の橋脚になろうとするときに必然的に抱え込んでしまう矛盾を生き抜いた彼の姿勢に教わることは多い。日本人とキリスト者・ナショナルとインターナショナル・武士の時代と平民の時代・文明後進国と文明先進国、これらの狭間で彼はクエーカーとして生きることに自らの存在意義を見いだそうとしていた。神から一人一人に等しく宿された「内なる光」の尊厳が相容れない人間同士をつなぎとめる絆になると信じつづけた。信仰は彼が神の意志を汲み取って自分自身の、そして人々の調和を導き出すためのよりどころであり、方法であった。

　国家間や文化間の対立を超えてたがいの人格を認めあえるよう、新渡戸は最後まで対話の場を切り開こうとした。彼にとって太平洋の架け橋としての仕事はクエーカー信仰の実践そのものだったといえる。自分とは異質な他者との間に生じる摩擦や衝突の決着をつけるのは人間ではなく神だと確信し、他者を受け入れようとした。相手の矛盾を迎え入れて許す心を養うことこそが人と人、国と国の間の平和な関係を築く土台になると考えていたのだった。人々の心と深く結びつきながら新たな社会・国・世界をともに築きあげていこうとする苦労のプロセスに喜びを見いだしていたに違いない。平和の種は人の心にあると信じて、自らの心の中でも平和の種を育てていたのである。彼の歩みは平和を構築するための人間理解の理念や手法の模範の一つになる。

　新渡戸の死去後に妻メリー・ニトベによって生前の原稿がまとめられ、『幼き日の思い出』が刊行された。彼女が寄せた序文によると、彼は病床で「神の恩寵の船に乗り、幾年もの航路を越える」とメモ用紙に書き残していた(『全集』15、493)。カナダの詩人ブリス・カーマン (Bliss Carman, 1861-1929) の詩「魅せられし旅人("The Enchanted Traveller")」(1921 年) の一節である。新渡戸はこの言葉を胸にさらなる航海に出たのだろう。旅人の最期を励まし見送ったその詩句にも、神に羅針盤を委ねた船で太平洋を、幾年もの海路を身一つで渡った彼の生涯が言

い尽くされている。

[注]────────────────────────────────────

(1) この一節については以下を参照のこと。Bliss, Carman. *Later Poems: With An Appreciation by R.H. Hathway*. Toronto: McClelland & Stewart Publishers, 1921, 50.

参考文献

芥川龍之介「手巾」芥川龍之介『芥川龍之介全集第 1 巻』岩波書店、1995 年、265-77 頁。
芥川龍之介『芥川龍之介全集第 18 巻』岩波書店、1997 年。
朝河貫一書簡編集委員会（編）『朝河貫一書簡集』早稲田大学出版部、1991 年。
浅田喬二『日本植民地研究史論』未來社、1990 年、23-182 頁。
飯沼二郎「新渡戸稲造は自由主義者か」『毎日新聞』1981 年 8 月 26 日、夕刊。
―――「新渡戸稲造と矢内原忠雄」飯沼二郎『飯沼二郎著作集第 5 巻』未來社、1994 年、51-66 頁。
石上玄一郎『太平洋の橋――新渡戸稲造伝』講談社、1968 年。
井上哲次郎『教育ト宗教ノ衝突』敬業社、1893 年。
岩崎孝志「国家と信仰――新渡戸稲造と矢内原忠雄の場合」渡辺信夫・岩崎孝志・山口陽一『キリスト者の時代精神、その虚と実――キリシタン、新渡戸稲造、矢内原忠雄、柏木義円』いのちのことば社、2005 年、88-128 頁。
『岩手日報』「きのふの講演」1933 年 5 月 17 日、朝刊。
植村正久「基督教と武士道」内村鑑三『日本現代文学全集 14・内村鑑三集附キリスト教文学』講談社、1964 年、302-4 頁。
内川永一郎『晩年の稲造』岩手日報社、1983 年。
内村鑑三 "How I Became a Christian out of my Diary" 内村鑑三『内村鑑三全集 3』岩波書店、1982 年、3-167 頁。
―――「モーリス氏記念講演」内村鑑三『内村鑑三全集 21』岩波書店、1982 年、526-7 頁。
―――"Bushido and Christianity" 内村鑑三『内村鑑三全集 22』岩波書店、1982 年、161-2 頁。
―――"Self-contradictions" 内村鑑三『内村鑑三全集 28』岩波書店、1983 年、328-9 頁。
―――"Two J's" 内村鑑三『内村鑑三全集 30』岩波書店、1982 年、53-4 頁。
―――『内村鑑三全集 36 書簡 1』岩波書店、1983 年。
梅原猛『文明への問い』集英社、1986 年。
遠藤周作『イエスの生涯』新潮社、1982 年。
大江健三郎『あいまいな日本の私』岩波書店、1995 年。
『大阪朝日新聞』「『國民軍縮同盟』発会式挙ぐ」1931 年 1 月 20 日、朝刊。
大津光男『基督友会日本年会と新渡戸稲造』キリスト友会日本年会、2012 年。
太田雄三『〈太平洋の橋〉としての新渡戸稲造』みすず書房、1986 年。

緒方貞子「国際主義団体の役割」細谷千博・斎藤真・今井清一・蠟山道雄（編）『日米関係史——開戦に至る10年（1931-41年）3 議会・政党と民間団体』東京大学出版会、1971年、307-53頁。

『海南新聞』「共産党と軍閥が日本を危地に導く——上海事件に関する当局の声明は全く三百代言式だ・来松した新渡戸博士談」1932年2月5日、朝刊。

———「新渡戸氏の奇怪な主張——時局重大の此際其影響恐るべし」1932年2月6日、朝刊「社説」。

———「新渡戸氏の為に惜む」1932年2月7日、朝刊「社説」。

———「新渡戸博士の暴言と其の反響！」1932年2月8日、朝刊。

神谷美恵子『神谷美恵子コレクション——遍歴』みすず書房、2005年。

亀井俊介『内村鑑三——明治精神の道標』中央公論社、1977年。

河合栄治郎「新渡戸稲造博士」社会思想研究会（編）『河合栄治郎全集第16巻』社会思想社、1968年、243-60頁。

姜尚中「キリスト教・植民地・憲法」『現代思想』第23号、1995年、62-76頁。

———『オリエンタリズムの彼方へ——近代文化批判』岩波書店、2004年。

菅野覚明『武士道に学ぶ』財団法人日本武道館、2006年。

賀川豊彦「永遠の青年」新渡戸稲造全集編集委員会（編）『新渡戸稲造全集別巻1』教文館、1987年、542-6頁。

外務省（編）『日本外交文書昭和II期第2部第2巻』外務省外交史料館、1996年。

外務省外交史料館「邦人ニ関スル警察事故取締雑纂」。

———「満州事変与論並新聞論調輿論啓発関係第5巻」。

———「満州事変与論並新聞論調輿論啓発関係第7巻」。

———「旅券下付に関する協議雑纂旅券協議『カード』ノ部（外交）第111巻」。

柄谷行人『哲学の起源』岩波書店、2012年。

共同訳聖書実行委員会（訳）『聖書新共同訳』日本聖書協会、2008年。

木戸幸一『木戸幸一日記上巻』東京大学出版会、1966年。

小泉一郎「新渡戸博士とクェーカー主義」東京女子大学新渡戸稲造研究会（編）『新渡戸稲造研究』春秋社、1969年、35-66頁。

国際連合教育科学文化機関「国際連合教育科学文化機関憲章（UNESCO憲章）」〈http://www.unesco.jp/contents/about/charter.html〉（アクセス 2011年3月11日）。

国立国会図書館憲政資料室"Henry Lewis Stimson Diaries (Volumes 19-23)"（マイクロフィルム・リール番号4-6）。

小崎弘道「政教新論」小崎弘道『小崎弘道全集第3巻』日本図書センター、2000年、295-399頁。

佐伯真一『戦場の精神史――武士道という幻影』日本放送出版協会、2004年。
佐藤全弘『新渡戸稲造――生涯と思想』キリスト教図書出版社、1980年。
―――「新渡戸稲造は『生粋の帝国主義者』か」『毎日新聞』1981年9月4日、夕刊。
―――『新渡戸稲造の世界――人と思想と働き』教文館、1998年。
―――『開いた心をもとめて――新渡戸稲造とキリスト教世界』新渡戸基金、2006年。
―――『新渡戸稲造の精神』教文館、2008年。
佐藤全弘・藤井茂『新渡戸稲造事典』教文館、2013年。
里見脩「卓越した対外弘報（宣伝）活動」藤原良雄（編）『満鉄とは何だったのか』藤原書店、2006年、231-7頁。
島薗進「近代日本の修養思想と文明観――新渡戸稲造の場合」脇本平也・田丸徳善（編）『アジアの宗教と精神文化』新曜社、1997年、406-31頁。
新福大健「臨時台湾糖務局の糖業政策」『東洋史訪』第10号、2004年、16-32頁。
実業之日本社社史編纂委員会（編）『実業之日本社百年史』実業之日本社、1997年。
上代たの『新渡戸稲造先生に学ぶ』基督友会日本年会、1967年。
角達也（編述）『友を頂く――日本クエーカー教徒の研究列伝』第30号、1982年、1-3頁。
―――（編述）『友を頂く――日本クエーカー教徒の研究列伝』第35号、1982年、1-3頁。
―――（編述）『友を頂く――日本クエーカー教徒の研究列伝』第79号、1989年、1-3頁。
―――（編述）『友を頂く――日本クエーカー教徒の研究列伝』第80号、1989年、1-3頁。
高杉晋作「遊清五録」田中彰（校注）『開国――日本近代思想体系』岩波書店、1991年、208-86頁。
高木八尺『新渡戸稲造先生の平和思想と実践』基督友会日本年会、1963年。
―――「新渡戸稲造の宗教思想を探求し、日本人によるキリスト教の受け入れの問題を考察する」高木八尺『高木八尺著作集第4巻・民主主義と宗教』東京大学出版会、1971年、473-507頁。
―――「編集を終るに当り」新渡戸稲造全集編集委員会（編）『新渡戸稲造全集別巻2』教文館、2001年、271-6頁。
武田清子『人間観の相剋』弘文堂新社、1959年。
―――「キリスト教受容の方法とその課題――新渡戸稲造の思想をめぐって」武田清子（編）『思想史の方法と対象――日本と西欧』創文社、1961年、

271-318 頁。

───「新渡戸稲造と平民道の形成」『中央公論』4 月号、1965 年、408-14 頁。

───『土着と背教』新教出版社、1967 年。

田中愼一「植民学の成立」北海道大学（編）『北大百年史通説』ぎょうせい、1982 年、580-602 頁。

谷口真紀「芥川龍之介の『手巾』の長谷川先生と新渡戸稲造」『言語コミュニケーション文化』第 9 号、2011 年、33-48 頁。

鶴見俊輔「日本の折衷主義──新渡戸稲造論」鶴見俊輔『鶴見俊輔著作集第 3 巻』筑摩書房、1975 年、122-47 頁。

───「知識人の戦争責任」鶴見俊輔『鶴見俊輔著作集第 5 巻』筑摩書房、1976 年、9-16 頁。

鶴見祐輔「日米交換教授時代の新渡戸先生」新渡戸稲造全集編集委員会（編）『新渡戸稲造全集別巻 1』教文館、1987 年、206-17 頁。

津田左右吉「武士道の淵源に就て」重野安繹（編）『明治文學全集 78・明治史論集 2』筑摩書房、1976 年、316-8 頁。

東京女子大学図書館（編）『新渡戸稲造記念文庫目録──東京女子大学図書館所蔵』東京女子大学図書館、1992 年。

同志社大学"Doshisha College Song"〈http://www.doshisha.ac.jp/information/fun/c_song/index.html〉（アクセス 2012 年 3 月 5 日）。

奈良昂（訳）「帝国ホテル午餐会スピーチ」新渡戸稲造全集編集委員会（編）『新渡戸稲造全集別巻 2』教文館、2001 年、583-92 頁。

新渡戸稲造「東西相触れて」新渡戸稲造『新渡戸稲造全集第 1 巻』教文館、1983 年、147-410 頁。

───「農業本論」新渡戸稲造『新渡戸稲造全集第 2 巻』教文館、1969 年、5-540 頁。

───「米国建国史要」新渡戸稲造『新渡戸稲造全集第 3 巻』教文館、1970 年、5-106 頁。

───「糖業改良意見書」新渡戸稲造『新渡戸稲造全集第 4 巻』教文館、1969 年、169-226 頁。

───「医学の進歩と殖民発展」新渡戸稲造『新渡戸稲造全集第 4 巻』教文館、1969 年、326-45 頁。

───「植民の終極目的」新渡戸稲造『新渡戸稲造全集第 4 巻』教文館、1969 年、354-72 頁。

───「乃木大将の殉死を評す」新渡戸稲造『新渡戸稲造全集第 4 巻』教文館、1969 年、450-3 頁。

―――「米国の対日態度に就いて」新渡戸稲造『新渡戸稲造全集第4巻』教文館、1969年、454-70頁。

―――「平民道」新渡戸稲造『新渡戸稲造全集第4巻』教文館、1969年、538-44頁。

―――「旧友内村鑑三氏を偲ぶ」新渡戸稲造『新渡戸稲造全集第4巻』教文館、1969年、555-63頁。

―――「偉人群像」新渡戸稲造『新渡戸稲造全集第5巻』教文館、1970年、325-625頁。

―――「帰雁の蘆」新渡戸稲造『新渡戸稲造全集第6巻』教文館、1969年、5-177頁。

―――「内観外望」新渡戸稲造『新渡戸稲造全集第6巻』教文館、1969年、179-465頁。

―――「修養」新渡戸稲造『新渡戸稲造全集第7巻』教文館、1970年、5-403頁。

―――「自警」新渡戸稲造『新渡戸稲造全集第7巻』教文館、1970年、405-679頁。

―――「余は何故実業之日本社の編集顧問となりたるか」新渡戸稲造『新渡戸稲造全集第7巻』教文館、1970年、681-90頁。

―――「世渡りの道」新渡戸稲造『新渡戸稲造全集第8巻』教文館、1970年、5-384頁。

―――「人生雑感」新渡戸稲造『新渡戸稲造全集第10巻』教文館、1969年、5-196頁。

―――「人生読本」新渡戸稲造『新渡戸稲造全集第10巻』教文館、1969年、197-509頁。

―――「婦人に勧めて」新渡戸稲造『新渡戸稲造全集第11巻』教文館、1969年、5-220頁。

―――"Bushido: The Soul of Japan" 新渡戸稲造『新渡戸稲造全集第12巻』教文館、1969年、3-153頁。

―――"Thoughts and Essays" 新渡戸稲造『新渡戸稲造全集第12巻』教文館、1969年、155-463頁。

―――"The Japanese Nation: Its Land, its People and its Life with Special Consideration to its Relations with the United States" 新渡戸稲造『新渡戸稲造全集第13巻』教文館、1970年、3-302頁。

―――"Japan: Some Phases of her Problems and Development" 新渡戸稲造『新渡戸稲造全集第14巻』教文館、1970年、3-425頁。

―――"Japanese Traits and Foreign Influences" 新渡戸稲造『新渡戸稲造全集第14巻』教文館、1970年、427-633頁。

―――"Lectures on Japan: An Outline of the Development of the Japanese

People and their Culture"新渡戸稲造『新渡戸稲造全集第 15 巻』教文館、1970 年、3-367 頁。

――― "Basic Principles of Japanese Politics" 新渡戸稲造『新渡戸稲造全集第 15 巻』教文館、1970 年、88-119 頁。

―――"The Manchurian Question and Sino-Japanese Relations"新渡戸稲造『新渡戸稲造全集第 15 巻』教文館、1970 年、221-33 頁。

――― "Japan and the League of Nations" 新渡戸稲造『新渡戸稲造全集第 15 巻』教文館、1970 年、234-9 頁。

――― "Japan and the Peace Pact: With Special Reference to Japan's Reaction to Mr. Stimson's Note Regarding the Pact" 新渡戸稲造『新渡戸稲造全集第 15 巻』教文館、1970 年、240-52 頁。

――― "Text of the Address as Actually Delivered by Dr. Inazo Nitobe, at the Inaugural Dinner, at the Banff Conference, August 14, 1933" 新渡戸稲造『新渡戸稲造全集第 15 巻』教文館、1970 年、300-4 頁。

――― "Development of International Coöperation" 新渡戸稲造『新渡戸稲造全集第 15 巻』教文館、1970 年、305-21 頁。

――― "A Japanese Tribute to Abraham Lincoln" 新渡戸稲造『新渡戸稲造全集第 15 巻』教文館、1970 年、322-31 頁。

―――"A Japanese View of Quakerism"新渡戸稲造『新渡戸稲造全集第 15 巻』教文館、1970 年、332-51 頁。

――― "Opening Address at the Kyoto Conference of the Institute of the Pacific Relations" 新渡戸稲造『新渡戸稲造全集第 15 巻』教文館、1970 年、352-9 頁。

――― "Reminiscences of Childhood in the Early Days of Modern Japan" 新渡戸稲造『新渡戸稲造全集第 15 巻』教文館、1970 年、475-570 頁。

―――『新渡戸稲造全集第 16 巻』教文館、1969 年。

―――『新渡戸稲造全集第 20 巻』教文館、1985 年。

――― "The Imperial Agricultural College of Sapporo, Japan" 新渡戸稲造『新渡戸稲造全集第 23 巻』教文館、1969 年、3-42 頁。

――― "China's Chance for a Republic" 新渡戸稲造『新渡戸稲造全集第 23 巻』教文館、1987 年、95-108 頁。

――― "Japanese Colonization" 新渡戸稲造『新渡戸稲造全集第 23 巻』教文館、1987 年、111-20 頁。

――― "Why I Became a Friend" 新渡戸稲造『新渡戸稲造全集第 23 巻』教文館、1987 年、242-5 頁。

――― "Japan's Savant Meets President Hoover: Dr. Nitobe Gives Account of his Visit to White House" 新渡戸稲造『新渡戸稲造全集第 23 巻』教文館、1987 年、364-6 頁。

――― "Japan's Hopes and Fears" 新渡戸稲造『新渡戸稲造全集第 23 巻』教文館、1987 年、367-72 頁。

――― "How Geneva Erred" 新渡戸稲造『新渡戸稲造全集第 23 巻』教文館、1987 年、373-9 頁。

――― "Japan's Place in the Family of Nations" 新渡戸稲造『新渡戸稲造全集第 23 巻』教文館、1987 年、383-91 頁。

――― "Blending of the East and West in Japan" 新渡戸稲造『新渡戸稲造全集第 23 巻』教文館、1987 年、392-9 頁。

――― "Letters to Kingo Miyabe 1884-1889" 新渡戸稲造『新渡戸稲造全集第 23 巻』教文館、1987 年、401-57 頁。

――― "Editorial Jottings (Supplement)" 新渡戸稲造『新渡戸稲造全集第 23 巻』教文館、1987 年、643-80 頁。

――― "Esperanto and the Language Question at the League of Nations" 新渡戸稲造全集編集委員会（編）『新渡戸稲造全集別巻 2』教文館、2001 年、1-30 頁。

――― 「産業組合の精神に就いて」新渡戸稲造全集編集委員会（編）『新渡戸稲造全集別巻 2』教文館、2001 年、537-58 頁。

――― 「籠城主義とソシアリチーとに就いて」『第一高等学校校友会雑誌』第 163 号、1907 年、13-6 頁。

――― 『英文武士道』裳華房、1904 年。

――― 「近時殖民論の勃興」『台湾時報』第 8 号、1910 年、1-10 頁。

――― 「殖民学会の趣旨」『殖民学会会報』第 1 号、1911 年、1-8 頁。

――― 「信仰の慰安」『上毛教界月報』第 199 号、1915 年、2-3 頁。

――― 「植民の根本義」『台湾時報』第 80 号、1916 年、16-28 頁。

――― 「愛國心と國際心」『恒平』第 4 号、1931 年、76-81 頁。

――― 「アメリカの脈を執る――妙齢美人の選挙応援演説」『大阪毎日新聞』1933 年 1 月 20 日、朝刊。

――― 「信仰経験を語る」札幌キリスト教会教会史編纂委員会（編）『札幌独立キリスト教会百年の歩み下巻』札幌キリスト教会、1983 年、120-3 頁。

新渡戸稲造（著）・櫻井鴎村（訳）『武士道』（丁未出版社蔵版）丁未出版社、1908 年。

新渡戸孝夫「新渡戸博士の心境を想ふ」『新渡戸稲造研究』第 12 号、2003 年、54-66 頁。

原田熊雄『西園寺公と政局第 2 巻』岩波書店、1950 年。
早野透「非戦と清貧信じるままに——神と国家の間」『朝日新聞』2010 年 2 月 9 日、朝刊。
廣部泉「国際連盟知的協力国際委員会の創設と新渡戸稲造」『北海道大学文学研究科紀要』第 121 号、2007 年、1-20 頁。
福原好喜「新渡戸と軍国主義」『駒沢大学経済学論集』第 34 巻第 3・4 号、2003 年、1-33 頁。
福沢諭吉『文明論之概略』岩波書店、1995 年。
福田歓一『デモクラシーと国民国家』岩波書店、2009 年。
船曳建夫『「日本人論」再考』講談社、2010 年。
毎日新聞社（編）『毎日新聞百年史』毎日新聞社、1972 年。
牧野伸顕『牧野伸顕日記』中央公論社、1990 年。
松隈俊子「良き地に落ちし種——新渡戸稲造伝（著書および書簡にもとづく）」東京女子大学新渡戸稲造研究会（編）『新渡戸稲造研究』春秋社、1969 年、335-63 頁。
南満州鉄道株式会社（編）『満州事変と満鉄上巻』原書房、1934 年。
宮本信之助「若き新渡戸稲造の信仰」東京女子大学新渡戸稲造研究会（編）『新渡戸稲造研究』春秋社、1969 年、5-33 頁。
宮本武蔵『五輪書』岩波書店、1985 年。
宮部金吾「小伝」新渡戸稲造『新渡戸稲造全集別巻 1』教文館、1987 年、9-27 頁。
三好行雄（編）『漱石文明論集』岩波書店、1986 年。
武智直道「我が隠れたる糖界の功労者」『実業之日本』第 36 巻第 21 号、1933 年、19 頁。
盛岡市先人記念館「署名簿」。
森戸辰男「教育者としての新渡戸先生」新渡戸稲造全集編集委員会（編）『新渡戸稲造全集別巻 1』教文館、1987 年、292-322 頁。
森上優子「新渡戸稲造研究——その修養論を手がかりとして」お茶の水女子大学博士学位論文、2006 年。
守部喜雅『聖書を読んだサムライたち——もうひとつの幕末維新史』いのちのことば社フォレストブックス、2010 年。
矢内原忠雄「国家の理想」矢内原忠雄『矢内原忠雄全集第 18 巻』岩波書店、1964 年、623-46 頁。
―――「新渡戸先生の宗教」矢内原忠雄『矢内原忠雄全集第 24 巻』岩波書店、1965 年、402-20 頁。
―――「新渡戸先生を憶ふ」矢内原忠雄『矢内原忠雄全集第 24 巻』岩波書店、

1965 年、675-6 頁。

――――「人及び愛国者としての新渡戸先生」矢内原忠雄『矢内原忠雄全集第 24 巻』岩波書店、1965 年、687-97 頁。

――――『余の尊敬する人物・続余の尊敬する人物』岩波書店、1982 年。

矢内原忠雄（編）「新渡戸博士植民政策講義及論文集――講義」新渡戸稲造『新渡戸稲造全集第 4 巻』教文館、1969 年、5-167 頁。

矢内原忠雄（著）若林正丈（編）『矢内原忠雄「帝国主義下の台湾」精読』岩波書店、2001 年。

柳田國男「罪の文化と恥の文化」柳田國男『定本柳田國男集第 30 巻』筑摩書房、1970 年、103-20 頁。

山根幸夫「台湾糖業政策と新渡戸稲造」東京女子大学新渡戸稲造研究会（編）『新渡戸稲造研究』春秋社、1969 年、259-301 頁。

山本達郎「新渡戸稲造の人格主義」新渡戸稲造全集編集委員会（編）『新渡戸稲造全集別巻 2』教文館、2001 年、294-7 頁。

山本常朝・田代陣基（著）神子侃（編訳）『新篇葉隠』たちばな出版、2003 年。

吉川一水『日々の糧――永遠の恩寵』野口書店、1951 年。

和辻哲郎『日本倫理思想史下巻』岩波書店、1952 年。

*

Bates, Cornelius, John, Lighthall. "The Passing of Dr. Nitobe." *The Osaka Mainichi & The Tokyo Nichi Nichi*. 22 Oct. 1933.

Brinton, Haines, Howard. *Friends for 300 Years*. Pennsylvania: Pendle Hill Publications and Philadelphia Yearly Meeting of the Religious Society of Friends, 1952.

Buell, Leslie, Raymond. "An Open Letter to Dr. Inazo Nitobé." *The New Republic*. 25 (1932): 42-3.

Carlyle, Thomas. *Sartor Resartus*. London: Ward Lock & Co. Limited, 1911.

Carman, Bliss. *Later Poems: With An Appreciation by R.H. Hathway*. Toronto: McClelland & Stewart Publishers, 1921.

Dewey, John. *Characters and Events: Popular Essays in Social and Political Philosophy*. New York: OctagonBooks, 1970.

Fox, George. *A Journal or Historical Account of the Life, Travels, Sufferings, Christian Experiences, and Labor of Love in the Work of the Ministry, of that Ancient, Eminent, and Faithful Servant of Jesus Christ, George*

Fox Vol. 1. Philadelphia: J. Harding Printer, 1831.

Howes, Forman, John. *Japan's Modern Prophet: Uchimura Kanzô, 1861-1930*. Vancouver: UBC Press, 2006.

James, William. *The Varieties of Religious Experience: A Study in Human Nature——Being the Gifford Lectures of Natural Religion Delivered at Edinburgh in 1901-1902*. New York: Dover Publications, 2002.

Kean, Charles (Ed.). *King Henry VIII*. London: Cornmarket Press Limited, 1970.

Kimura, Ki (Compiled and Ed.) and Yampolsky, Boas, Philip (Translated and Adapted). *Japanese Literature: Manners and Customs in the Meiji-Taisho Era——Centenary Cultural Council Series, a History of Japanese-American Cultural Relations (1853-1926) Vol. 2. Literature Manners and Customs*. Tokyo: Ōbunsha, 1957.

Kipling, Rudyard, Joseph. *Selected Poems*. Middlesex: Penguin Books, 1993.

Lincoln, Abraham. "First Inaugural Address of Abraham Lincoln." Yale Law School Lillian Goldman Law Library. 2008. Web. February 22, 2013. 〈http://avalon.law.yale.edu/19th_century/lincoln1.asp〉.

———. "Second Inaugural Address." Ueno, Naozo (Ed.). *Masters of American Literature*. Tokyo: Nan'un-Do, 1969. 127-8.

Longfellow, Wadsworth, Henry. "A Psalm of Life." *Voices of the Night*. Maine Historical Society. 2010. Web. 18 Oct. 2010. 〈http://www.hwlongfellow.org/poems-poem.php?pid=36〉.

Nicholson, Victor, Herbert. *Treasure in Earthen Vessels: God's Love Overflows in Peace and War*. California: Penn Lithographics Inc., 1974.

Nitobe, Inazo. "Speech by Dr. Inazo Nitobe, Scholar and Author at a Luncheon Held at the Imperial Hotel on March 30, 1933." *The America-Japan Society Special Bulletin*. 13 (1933): 53-7.

———. *Japan's Future and the Mission of the Doshisha: An Address by Dr. Inazo Nitobe*. Kyoto: Doshisha University, 1933.

Oshiro, Masaaki, George. "Internationalist in Prewar Japan Nitobe Inazō, 1862-1933." Ph.D. Dissertation: The University of British Colombia, 1985.

O'Sullivan, Louis, John. "Annexation." *The United States Democratic Review*. 17 (1845): 5-10.

Ota, Inazo. "Religious Impressions of America." *The Friend's Review*. 60 (1886): 241-3.

Sato, Ken. "Dr. Nitobe: Personal Recollections." *The Osaka Mainichi & The Tokyo Nichi Nichi.* 19 Nov. 1933.

Satô, Masahiro. "Journalism: The Last Bridge." Howes, Forman, John(Ed.). *Nitobe Inazô: Japan's Bridge across the Pacific.* Colorado: Westview Press, 1995. 217-36.

Schwantes, Sidney, Robert. *Japanese and Americans: A Century of Cultural Relations.* Connecticut: Greenwood Press Publishers, 1976.

Tennyson, Alfred. *The Poetical Works of Alfred Lord Tennyson: Locksley Hall and Other Poems.* London: Macmillan and Co., 1895.

The Commission on Human Security. *Human Security Now.* New York: The United Nations Publications, 2003.

The New York Times. "A Quaker-Japanese Union: Miss Elkinton Marries Mr. Nitobe in Spite of Opposition." 2 Jan. 1891.

―――. "Japanese Compel Critic to Apologize." 5 Mar. 1932.

Twain, Mark. "Pudd'nhead Wilson's New Calendar from *Following the Equator.*" Quirk, Tom(Ed.). *Tales, Speeches, Essays, and Sketches.* Middlesex: Penguin Books, 1994. 200-5.

Whitman, Walt. *Leaves of Grass.* London: J.M. Dent & Sons LTP, 1947.

航海後記

　新渡戸稲造研究は言語・コミュニケーション・文化をはじめさまざまな分野を股にかけている。そういうと聞こえはいいが、それは一つの分野で突きつめられない深みにかける研究というイメージとも隣り合わせである。

　かつて、学会に出るにしても、就職を探すにしても、一つの領域に属せない自分の研究にどこか引け目を感じていた。ところがあるとき、「専門Sense より Common Sense の働きが入用（『全集』6、54）という新渡戸の言葉にはっとした。だじゃれも盛り込んだ文句ながら、これは学問を通して社会貢献を志していた彼ならではのメッセージだと思う。彼は専門センス、つまり専門研究の重要性を認めたうえで、人間理解を豊かにするようなコモンセンス、つまり領域横断的な研究に重きを置いていたのである。

　こうして、研究対象の新渡戸稲造は研究に向かう姿勢そのものも教えてくれた。幅広い研究は奥深い研究なのだと。学問と学問を結びつける作業は、自分を謙虚に開くと同時に自分を謙虚に見つめることだと実感している。そうした作業を重ねながら、人と人を結びつける研究活動を目指してこれからも航海を続ける。

　今、子どもの頃からずっと憧れていた自分の本のあとがきを初めて書いている。いつかあとがきをしたためる日が来たらあんなこともこんなことも書いてみようなどと妄想ばかりしてきた。それでも、いざここまでくると、関西学院大学出版会の田村和彦先生・田中直哉さん・戸坂美果さんを筆頭に励ましてくださったすべての方々への感謝の気持ちしかない。国内外の多岐にわたる方面の人々とのつながりがあってこそ、この研究に取り組むことができたのだから。

　　　2014 年 10 月 15 日

谷口真紀

索引

〈人名索引〉

あ

芥川龍之介　85
朝河貫一　57
浅田喬二　94, 121
アルベルト・アインシュタイン　146
アロンゾ・バートン・ヘボン　141
アンリ＝ルイ・ベルクソン　145

い

飯沼二郎　86
犬養毅　130
井上準之助　123
井上哲次郎　49
井上日召　123
岩崎孝志　163

う

ウィリアム・エリオット・グリフィス　67, 68
ウィリアム・ジェームズ　29
ウィリアム・スミス・クラーク　14
ウィリアム・ペン　16
内田康哉　117
内村鑑三　16, 21, 22, 28, 30, 48, 49, 50, 163, 176

え

エイブラハム・リンカーン　128, 148, 171

エミール・ルイ・ヴィクトル・ド・ラブレー　65

お

大内兵衛　91
太田時敏　157
太田雄三　5, 62
緒方貞子　138, 139
尾崎行雄　137

か

賀川豊彦　54, 110, 123
神谷美恵子　43
柄谷行人　93
姜尚中　104, 105, 106
菅野覚明　62

き

木戸幸一　122

く

黒田清隆　88

こ

小泉一郎　18
コーネリアス・ジョン・ライトホール・ベーツ　66, 67
小崎弘道　71, 72
児玉源太郎　90, 91
後藤新平　89

さ

佐伯真一　69
櫻井鴎村　63
佐藤剱之助　161, 165
佐藤昌介　91
佐藤法亮　116, 126
佐藤全弘　12, 86, 114, 158, 160

し

ジェームズ・エリック・ドラモンド　57
幣原喜重郎　116
芳沢謙吉　116, 117, 122
島薗進　101, 102
ジュリアン・ホーソーン　62
昭和天皇　114, 115, 122, 124
ジョージ・フォックス　11, 12, 16, 102
ジョージ・マサアキ・オーシロ　115
ジョゼフ・ラドヤード・キップリング　104
上代たの　177
ジョン・デューイ　134, 135

た

高木八尺　12, 91
高杉晋作　98
武田清子　12, 26, 73
団琢磨　123

つ

津田梅子　173
津田左右吉　68, 69
鶴見祐輔　55, 135

て

出淵勝次　117, 127

と

トマス・カーライル　172

な

中島力造　57
ナサニエル・ホーソーン　62

に

新島襄　21, 22
新渡戸十次郎　13, 87, 88
新渡戸孝夫　148
新渡戸伝　13, 87, 88
新渡戸道郎　157

は

ハーバート・クラーク・フーヴァー　127, 129, 130
ハワード・ヘインズ・ブリントン　31

ふ

福田歓一　39
ブリス・カーマン　182

へ

ヘンリー・ルイス・スティムソン　127, 130, 136

ほ

堀内謙介　122

ま

前田多門　43
マシュー・カルブレイス・ペリー　42, 141
マリア・スクウォドフスカ＝キュリー　37, 57, 145

み

美濃部達吉　141
宮部金吾　16, 17, 18, 21, 30, 48
宮本信之助　71

め

明治天皇　13, 63, 88
メリー・パターソン・エルキントン　3, 61, 63, 65, 141, 161, 182
メリマン・コルバート・ハリス　14

も

森戸辰男　53

や

矢内原忠雄　5, 12, 28, 38, 91, 163, 170
山本達郎　177

よ

吉野作造　141

れ

レイモンド・レスリー・ブュエール　139, 140

ろ

ロバート・シドニー・シュワンテス　119

わ

若槻禮次郎　116

〈事項索引〉

あ

アングロ・サクソン　67, 137, 142

い

「イエスを信ずる者の契約」　14, 15
『衣服哲学』　172
異文化理解　30, 62

う

内なる光　12, 19, 20, 23, 29, 31, 70, 125, 145, 147, 150, 166, 177, 178, 182
宇宙意識　19, 20, 21, 22, 23, 24, 25, 26, 27, 29, 31, 32, 38, 45, 47, 51, 110, 170, 176

え

NGO　4, 105

お

大阪毎日・東京日日新聞　4, 146, 157, 158, 160, 161, 165
翁　124, 125, 147, 148, 162, 163, 167, 169, 170, 171, 172, 173, 174, 175, 178

か

開発援助　105
外交旅券　119
甘蔗　90

き

旧約　70, 71, 72
協同組合　54
キリスト友会　11, 67

け

血盟団事件　123
ケロッグ・ブリアン条約　136

こ

国際連盟事務局次長　4, 5, 17, 37, 42, 57, 86, 91, 120, 145
国際連盟知的協力国際委員会　4, 37, 57, 118, 145
五・四運動　134

さ

在郷軍人会　122, 123, 124, 148
札幌農学校　3, 11, 14, 15, 16, 17, 21, 30, 48, 88, 89, 91
三本木　13, 87, 88

し

『実業之日本』　52, 53
自由主義者　138, 139
十五年戦争　6, 138
贖罪　24, 25, 28, 29

せ

生命線　136, 137, 139

た

太平洋の架け橋　3, 4, 6, 30, 55, 81, 109, 141, 143, 162, 182
太平洋問題調査会　4, 55, 57, 123, 145
台湾総督府技師　4, 85, 89, 109
第一高等学校　4, 52, 53, 85, 91
大東亜共栄圏　104
種　102, 103, 143, 182

ち

知行一致　12, 24, 30, 174
中華民国　133, 134
沈黙の礼拝　16

つ

接木　64, 70, 72, 73, 74, 75, 77, 79, 80

と

「糖業改良意見書」　85, 89, 90

に

日米交換教授　4, 55, 56, 57, 125, 134, 141
日本人論　69

は

廃刀　65
排日移民法　130, 131
「白人の責務」　104

ふ

不敬事件　49, 50
武士道　61, 62, 63, 64, 65, 66, 67, 68, 69, 70, 72, 73, 74, 75, 76, 77, 78, 79, 80, 81
二つのJ　48
不定冠詞　174
フロンティア精神　88
ブログ　158, 161

へ

平民道　61, 76, 77, 78, 80
平和構築　146, 149
ヘボン講座　141
ペルソナ　124, 147, 163, 174
「編集余録」　4, 39, 40, 41, 45, 54, 120, 124, 133, 138, 146, 147, 151, 157, 158, 160, 161, 162, 163, 164, 165, 166, 167, 172, 173, 174, 176, 177, 178

ほ

奉公　78
戊辰戦争　147, 148

ま

松山事件　121, 124, 125, 148
満洲事変　4, 5, 6, 41, 45, 110, 113, 114, 115, 116, 117, 121, 122, 123, 125, 129,

131, 132, 133, 135, 136, 137, 138, 139, 140, 143, 144, 145, 147, 149, 150, 151, 157, 158, 161, 168, 169, 171, 172, 174, 177, 181

み

南満州鉄道株式会社　135
民間外交　120, 130

む

無教会　21
矛盾　4, 5, 6, 32, 47, 97, 101, 102, 109, 110, 113, 114, 138, 140, 144, 151, 157, 158, 174, 175, 176, 177, 178, 181, 182

め

明治維新　65, 67, 68, 75, 76, 100, 101

や

野蛮・未開・半開　100, 101, 106
ヤング・チャイナ　133

ゆ

ユーモア　169, 170, 171
ユネスコ　4, 145, 146

り

良心　45, 50, 77, 78, 79, 81

わ

WASP　142

著者略歴

谷口 真紀（たにぐち・まき）
1975年、山口県生まれ。
2012年、関西学院大学大学院言語コミュニケーション文化研究科
博士課程後期課程修了。
現在、滋賀県立大学特任准教授。

著書
『英語で知るアメリカ── 8つのテーマで超大国の実情に迫る』
（大学教育出版、2013年）（共著）

挿絵　little seed　らくがきやせい

太平洋の航海者
新渡戸稲造の信仰と実践

2015年1月20日初版第一刷発行

著　者　谷口真紀

発行者　田中きく代
発行所　関西学院大学出版会
所在地　〒662-0891
　　　　兵庫県西宮市上ケ原一番町 1-155
電　話　0798-53-7002

印　刷　協和印刷株式会社

©2015 Maki Taniguchi
Printed in Japan by Kwansei Gakuin University Press
ISBN 978-4-86283-177-4
乱丁・落丁本はお取り替えいたします。
本書の全部または一部を無断で複写・複製することを禁じます。